Kurt Tepperwein

Lebe dein Leben leichter

LEBE DEIN LEBEN LEICHTER

Kurt Tepperwein

SILBERSCHNUR VERLAG

ISBN: 978-3-89845-619-7

1. Auflage 2019

Gestaltung & Satz: XPresentation, Güllesheim
Umschlaggestaltung: XPresentation, Güllesheim; unter Verwendung verschiedener Motive von © Visions-AD und © Pupkin, ww.stock.adobe.de
Druck: Finidr, s.r.o. Cesky Tesin

Verlag »Die Silberschnur« GmbH · Steinstr. 1 · 56593 Güllesheim
www.silberschnur.de · E-Mail: info@silberschnur.de

Inhaltsverzeichnis

DER WEG DES GLÜCKS

DER WEG DER FREUDE

I.

DIE MISERE

Solange der Mensch nicht erwacht ist, lebt er im Leid, das ihn dazu zwingt, etwas zu unternehmen. Dabei gibt es zwei Wege, das Leid zu beenden.

Der eine Weg ist zu erwachen, die Illusion des ICH aufzulösen und in die Wirklichkeit des Seins einzutreten. Das ist das Ende des Leidens. Aber dieser Weg erfordert Geduld, Ausdauer, Mut und Konsequenz.

Der andere Weg ist der scheinbar angenehmere. Man sucht sich innerhalb der Illusion erreichbare Ziele und wird so immer unbewusster, so dass man sein Leid nicht mehr spürt. Man erlebt sich vielleicht sogar als erfolgreich, weil man seine äußeren Ziele erreicht hat, aber in Wirklichkeit ist das nur ein Betäubungsmittel. Es hilft nicht wirklich, es lässt einen nur vorübergehend das Leid und die Sinnlosigkeit und somit die eigene Bewusstlosigkeit vergessen. Es führt uns noch tiefer in den Schlaf des Lebens und gibt uns nur einen angenehmeren Traum. Das erspart uns aber nicht das Erwachen, was letztlich über noch größeres Leid erzwungen wird, denn die Evolution bleibt nicht stehen. Dieser Weg ist daher nur SCHEINBAR angenehmer, denn in Wirklichkeit ist er sehr SCHMERZVOLL.

Bewusstsein heißt, präsent zu sein, ganz in DIESEM Augenblick anzukommen, zu erleben, was IST, und STÄNDIG die Wirklichkeit hinter dem Schein zu erkennen.

Machen Sie sich einmal ein paar Dinge bewusst ...

- **WER leidet, wenn "ICH" leide?** Bewusstsein KANN nicht leiden.

- **Was führt zu Leid?** Die Unwissenheit, die Begrenztheit und Fehlsicht. Daraus ergeben sich Ärger, Probleme, Aggression, Angst, Krankheit, Schuldgefühle, Enttäuschung, Stress, Mangel, schlechte Laune, Unzufriedenheit mit dem Körper, eine disharmonische Beziehung, das ewige Wollen, Widerstand, Aussichtslosigkeit, unerfüllte Wünsche, Depressionen, Hilflosigkeit, Selbstaufgabe etc.

- **Eigentlich sind es immer nur 2 Gründe, die uns Disharmonien empfinden lassen:**
  1.) Ablehnung ("ICH will das nicht" - also gegen etwas sein)
  2.) Haben wollen ("ICH will genau das" - also etwas haben wollen)

Hinter beiden Vorstellungen steht immer nur ein EGO, ein ICH, das sich einbildet, der Hauptakteur im Leben zu sein. **Doch zu wem sagen Sie "ICH"?** Wen meinen Sie, wenn Sie "ICH" sagen? Von wem sprechen Sie genau? Von Ihrem Körper? Von Ihrem Verstand? Von Ihrer Persönlichkeit? Oder meinen Sie Ihr Ego? Sie sagen: "ICH habe einen Körper, einen Verstand, Gefühle, ein Ego und Persönlichkeit." Wer ist der "Besitzer"? Was Sie HABEN, können Sie ja nicht SEIN. Sie sagen auch: "Ich habe ein Auto." Und? *Sind* Sie dieses Auto auch, nur weil Sie das sagen?

Die Illusion des Ich

Das "ICH" muss im Spiel des Lebens nicht befreit oder erlöst werden, sondern wir lösen uns von der "Illusion des Ich" in der Erkenntnis, dass es gar nicht existent ist. Der Verlust der

“Illusion des Ich” wird ersetzt durch den Gewinn der Totalität, des SEINS. Das “Ich” ist weder ein individuelles Wesen noch ist es nichts oder alles, es ist einfach nicht existent. Sobald das erkannt ist, wendet sich das SEIN wieder ganz der Illusion zu, um das Spiel zu vollenden.
Wenn wir vor einer Aufgabe stehen, dann ist der erste Schritt, im Bewusstsein die richtige Entscheidung zu “treffen”. Die beste Lösung ist, in das Bewusstsein desjenigen zu gehen, der die Aufgabe bereits gemeistert hat; als derjenige und in dem Bewusstsein, es bereits geschafft zu haben, gehen wir dann an die Aufgabe heran. Ich muss also erst die Voraussetzungen für eine optimale Lösung schaffen. Solange ich in meinem Bewusstsein ein “Kranker” bin, KANN ich nicht gesund werden. Ein Armer KANN nicht wohlhabend werden, solange er ein “Armer” ist. Ein Dicker KANN nicht schlank werden, weil er dann ja kein Dicker mehr wäre. Zuerst muss die Änderung im Bewusstsein erfolgen, BEVOR sie sich im Außen vollziehen KANN.

Das gilt ebenso für einen Erfolgreichen, einen Glücklichen oder einen Weisen.

In Wirklichkeit müssen wir nicht aufwachen, denn es ist niemand da, der aufwachen könnte. Das "Ich" kann nicht aufwachen, denn es ist der Traum. **Das Ich kann in seinem Traum auch den Traum des Aufwachens träumen, doch es ist und bleibt in seinem Traum gefangen.** Bücher, Lehrer, Meditation, Übungen und Praktiken wären alle nicht notwendig. Denn eigentlich gibt es NICHTS, was wir TUN können. Nichts dieser Dinge zaubert das Aufwachen herbei, doch die Person geht den Weg des Herantastens, um Schritt für Schritt transparenter zu werden. Dieser Prozess des Loslösens vom Ego geschieht ganz langsam, und deshalb können wir auch alle Hilfestellungen nutzen, auch wenn sie schlussendlich nur ein Schritt auf diesem Weg sind, der eigentlich gar kein Ziel hat. Das Ziel ist in uns- wie auch der Start, der Weg und das Leben. Wir sollten also besser damit beginnen, IN UNS zu schauen und dort danach Ausschau zu halten, als im Außen nach einer Lösung zu suchen. Wir brauchen uns nur zu "er-innern".

Das "Spiel des Lebens" geschieht, ob wir uns dessen bewusst sind oder nicht, ob wir leiden oder erkennen, ob wir fallen oder aufstehen - das Leben geschieht! Wir können weder etwas verhindern noch können wir etwas verpassen. Auch unser "Erwachen" geschieht irgendwann. Die Welt muss weder gerettet noch verbessert und nichts muss in Ordnung gebracht oder verändert werden. Wir können unsere Zeit nicht vertun, es sei denn, wir "vertun" sie. Bewusstsein ist, in der "Faszination des Alltäglichen" zu leben, ganz darin zu verweilen und vollkommen darin einzutauchen. Auch brauchen wir auf nichts zu warten, denn es wartet auf uns! Die Wirklichkeit unseres wahren SEINS können wir weder erhöhen oder verbessern noch verlieren oder verpassen, wir können nur UNS vergessen. Doch was man vergessen hat, kann man JEDERZEIT wieder erinnern.

JETZT wäre ein ganz guter Zeitpunkt dafür! Es gibt weder Erlösung noch einen, der Erlösung braucht. Niemand kann herbeiführen, was schon ist. Also lehnen wir uns zurück und genießen wir das Spiel gelassen und heiter. Wir sind bereits am Ziel, denn wir SIND das Ziel. Es gibt nichts zu suchen, nichts zu erreichen und auch kein Werden.

Alles, was existiert, ist reines SEIN. Alles andere, was wir sehen, ist nur ein Abbild davon. Das Leben erscheint uns, es IST aber nicht. Wir können das EINE auch nicht sehen, wir können es nur in uns erfahren. Ziel der Evolution und des illusorischen Weges ist das bewusste Erkennen des eigenen, vollkommenen SEINS. Jedes andere Ziel ist wieder nur eine Illusion. Es gibt keine Erlösung und keinen, der Erlösung braucht, denn du bist die Erlösung. JEDER Augenblick lädt uns dazu ein, der zu sein, der wir SIND. ALLES, was wir werden wollen, SIND wir bereits. Von einem Augenblick zum anderen können wir vom Leben ALLES haben und JEDES “Spiel” gewinnen. In diese “Gottesunmittelbarkeit” unseres wahren Wesens können wir nicht eintreten, weil wir nicht ausgetreten sind.

Die vollkommene Erfüllung des Augenblicks kostet Sie nicht weniger als ALLES. JEDER Augenblick wartet darauf, dass wir ihn unbefangen und “ledigen Gemütes” wahrnehmen und in die lebendige Erfahrung dieses Augenblicks eintreten. Es ist nur EIN Schritt - ein einziger Schritt, und das Abenteuer unseres wahren SEINS kann beginnen.

Unser EGO ist eigentlich als Botschafter des Geistes auf der materiellen Ebene gedacht, der die “Absicht” des Geistes sichtbar werden lässt. Es war allerdings nicht dazu gedacht, dass es die Entscheidungen aus der Persönlichkeit heraus treffen sollte. Zunehmend aber erlebt es die Entscheidungen des Geistes als SEINE Entscheidungen und erfährt sich dabei als ein “Jemand”. Es sieht sich als Quelle und obliegt

der Täuschung, der Mittelpunkt zu sein. Damit verliert es das WAHRE Zentrum, die wahre Quelle aus dem Bewusstsein. Dann beginnen wir, uns als eine Persönlichkeit zu erleben, die wir in Wahrheit aber gar nicht sind.

Das Ego versucht, alles zu besitzen. Sogar das Leben übernimmt es, indem es sagt: "Das ist MEIN Leben!" In Wirklichkeit aber haben wir kein Leben, sondern wir SIND das Leben. Wie aber konnte ich etwas "verlieren" - oder besser gesagt vergessen, was ich BIN?

Das Ego stört das natürliche Wohlbefinden des Körpers und erzeugt Druck oder Stress. Nicht durch äußere Faktoren, sondern durch das Denken darüber. Es MACHT sich Sorgen, was alles passieren KÖNNTE, und erzeugt so negative Emotionen, die den Energiefluss des Körpers stören. Nehmen wir als Beispiel das Nachdenken oder die Gedanken an eine "schwere Kindheit". Natürlich sitzt das sehr tief, und immer, wenn wir daran denken, fühlen wir uns schlecht. Alles kommt immer und immer wieder hoch. Wozu? Wenn wir eine schwere Kindheit hatten, dann könnten wir doch froh sein, dass sie jetzt vorüber ist und wir nun unser Leben selbst gestalten können. Ob die Vergangenheit nun angenehm oder unangenehm empfunden worden ist ... vergangen ist vergangen. Vergangen ist aber nur dann vergangen, wenn wir es dabei belassen und es nicht ständig mit neuen Gedanken und Gefühlen nähren.

Das Problem ist nicht die Vergangenheit selbst, sondern die Tatsache, dass wir dem »Problem«, das es sowieso nicht gibt oder, besser gesagt, das nur in unseren Köpfen existiert, Raum geben.

Denn das wird dann zur scheinbaren Realität. Das heißt, dort, wo wir unsere Aufmerksamkeit hinlenken, erzeugen wir das scheinbar Reale. Wenn wir die dunklen Wolken am

Horizont sehen und uns vor dem Gewitter ängstigen, das da kommen könnte, dann ist das eigentlich sehr unsinnig. Trotzdem tun wir es. Die Wolken sind nicht schuld, dass es uns nicht gut geht, und auch nicht das eventuelle Gewitter. Was passiert, wenn wir einfach die Augen schließen? Die Wolken sind verschwunden, obwohl sie immer noch unveränderlich vorüberziehen. Was ist hier die Wirklichkeit?

Das Ego beklagt sich auch gern darüber, dass es von anderen nicht genug beachtet, geliebt oder bewundert wird. Dabei zeigt das nur, dass SIE sich selbst nicht genug beachten und lieben. Die "Lösung" ist, JA zu dem zu sagen, WAS IST, und zu tun, was zu tun ist. Machen Sie sich das JETZT zum Freund, denn nur im JETZT ist ALLES möglich. Es scheint so, als brauche alles Zeit, aber in Wirklichkeit gibt es nur das JETZT.

Es folgt gar nicht ein Augenblick auf den anderen, sondern das Leben zieht an dem ewigen Jetzt vorbei.

Wir erleben IMMER nur den gegenwärtigen Augenblick, eben das JETZT. Indem wir die Zeit aus unserem Bewusstsein streichen, streichen wir das Ego. Gemeint ist das Beschäftigen mit der Vergangenheit und Zukunft, und dabei versäumen wir das JETZT, "in dem das Leben stattfindet". Solange das Ego unser Leben beherrscht, macht es uns auf zwei Arten unglücklich. Die eine ist, nicht zu bekommen, was es sich wünscht, und die andere ist, es zu bekommen. Manchmal ist die größte Strafe, dass unser Wunsch in Erfüllung geht. Dann haben wir ein Problem. Ein Problem ist ein Umstand, eine Situation, die als unangenehm und unerwünscht erlebt wird und die abgelehnt wird. Ohne diese Ablehnung wäre es einfach nur eine Situation, die man gar nicht ändern muss.

Die Ablehnung richtet die Aufmerksamkeit auf das Abgelehnte und lenkt die Schöpferkraft DARAUF. Das verstärkt und vermehrt das Problem, ohne dass wir uns dessen bewusst sind. Einfach wird es dann, wenn Sie das Problem nicht mehr als Problem sehen, sondern als Gegebenheit. Es ist eine interessante Herausforderung, die Ihnen das Leben da stellt. Das ICH sucht nach Lösungen. Das SELBST lässt alles so sein, wie es ist. Interessant ist daher bei allen Situationen nur, WIE Sie damit umgehen. Reagieren Sie als Ego, als Person, die sich dafür entscheidet, dagegen oder dafür zu sein – oder reagieren Sie nicht, sondern beobachten nur?

Eigentlich wäre das scheinbare Problem bereits gelöst, wenn Sie Ihre Aufmerksamkeit neu ausrichteten. Indem Sie sie einfach von der Situation abziehen, ist das Problem schon verschwunden. SO einfach ist das. Ein Problem wird also erst durch die Ablehnung zum Problem. Ein Lösungsversuch, der auf Ablehnung basiert, KANN nicht zum Erfolg führen, weil er die Aufmerksamkeit auf die abgelehnte Situation richtet und dabei nicht neutral ist. Wenn Sie das erkannt haben, dann können Sie zu folgendem Ergebnis kommen: "Ich MUSS meine Aufmerksamkeit auf die Lösung richten, und die Lösung ist, die Aufmerksamkeit abzuziehen." Negative Gedanken über die Situation einfach sein lassen und der Situation selbst keine Achtsamkeit mehr schenken, das ist etwas Wunderbares. Negatives Denken vermeiden und positiv DENKEN- das hat nur dann einen Sinn, wenn es Ihnen leichtfällt. Wenn Sie sich dazu zwingen und sich sagen, dass Sie positiv denken *müssen* und nicht nachdenken *dürfen*, dann bringt das natürlich nicht viel. Das Loslassen sollte also ganz natürlich stattfinden. **Denn auch wenn Sie etwas loslassen wollen, richten Sie Ihre Aufmerksamkeit dadurch auf das, was Sie loslassen wollen, anstatt auf den erwünschten Zustand danach.**

Und die Illusion geht weiter ...

Die beiden wichtigsten Worte für das Ego sind "ICH" und "MEIN". Aber in Wirklichkeit kann man nichts besitzen. Wir benutzen nur vorübergehend Dinge, die, so wie wir, vergänglich sind. Umso mehr verwundert es, wie sehr wir an Dingen festhalten, obwohl wir doch wissen, dass auf der Erde alles vergeht. Auch die Erde ist vergänglich und nicht ewig, so wie wir es sind. Viele Naturvölker kennen gar kein persönliches Eigentum. Aber mit "MEIN" und "DEIN" beginnen die Konfliktmöglichkeiten - und das Ego wird immer größer. Das Ego neigt dazu, SEIN mit Haben zu verwechseln, und glaubt, je mehr es hat, desto mehr IST es. Die Befriedigung durch das Haben ist nur von kurzer Dauer, und so will es immer mehr. Denn das Ego meint mit "Ich habe noch nicht genug!" vielmehr: "Ich BIN noch nicht genug!" Es ist dieser unstillbare Hunger nach mehr, der die Konflikte erschafft. Bekommt das Ego nicht, was es will, erlebt es als Folge des ungestillten Verlangens Unbehagen, Langeweile, Ruhelosigkeit oder Angst. **Dieses Verlangen kann aber weder durch Besitz, Menschen, Orte noch durch Umstände gestillt werden, sondern nur durch die Erkenntnis, dass das Ego eine Illusion ist.**

Über die menschliche Sinneswahrnehmung wird der Körper zu einem Besitz und zu einem wichtigen Teil des Selbstwertgefühls. Dann ist es ein Drama, wenn die ersten Falten auftauchen und der Körper sich "ALTERS-entsprechend" verändert. Oft nehmen wir unseren Körper nicht einmal so wahr, wie er ist, sondern haben ein ganz falsches Bild von ihm. Wir wollen auch immer schlanker werden, anstatt den Körper einfach so zu akzeptieren, wie er ist. Körperliche Unvollkommenheiten, auch wenn sie nur eingebildet sind, nehmen wir als persönliche Beleidigung. Auch Krankheiten sind wir nicht gut gesinnt und sehen sie als eine Schwäche oder ein Manko an. Wir befinden uns also ständig in einem Widerstand - nicht nur mit uns, sondern mit ALLEM. Geschieht etwas, möchten wir es anders haben. Wann nehmen wir die Dinge endlich so an, wie sie denn nun mal sind?

Das, was wir ablehnen, ist nichts Minderwertiges, auch ist es keine Schwäche, denn mitten im scheinbar unvollkommenen Leben spielt sich wahre Spiritualität ab.

Die äußere Form bindet uns an die Materie, das innere SEIN aber macht uns frei und wir erwachen zu uns SELBST.

Eine Lieblingsbeschäftigung des Egos ist es, sich zu beklagen oder andere zu kritisieren oder zu verurteilen. Dann fühlt es sich stark und überlegen oder einfach bedeutender. Nicht auf das Ego der anderen zu reagieren, ist der beste Weg, das Ego in sich zu überschreiten. Wie das funktioniert? **Es einfach nicht mehr als "Ich" anerkennen.** Nicht zu reagieren, ist keine Schwäche, sondern wahre Stärke. Nichts stärkt das Ego mehr als Rechthaberei. Damit Sie Recht haben können, muss natürlich der andere Unrecht haben – und das ist nicht mehr als ein reines Egospiel. Jedes Ego verwechselt Meinung und Standpunkt mit Tatsache. Je mehr Sie daher zwischen Meinung und Tatsache unterscheiden können, desto mehr verschwindet Ihr Ego, das heißt, je mehr Sie die Dinge einfach wahrnehmen, wie Sie sind, sie einfach nur beobachten und zur Kenntnis nehmen, umso mehr wird das Ego abgeschwächt. **Wer keine Meinung abgibt, nicht bewertet und kein Urteil fällt, der hat sich bereits über das Ego gestellt.**

Doch das Ego ist nicht schlecht. Das Ego kann ja nur als Illusion durchschaut werden, wenn es da ist. Also ist es gut, wie es ist. Wenn man nichts überbewertet und alles geschehen lässt, dann ist das Wunder vollbracht.

Um sich vom Ego zu befreien, braucht man sich also nur seiner SELBST bewusst zu

werden, denn BEWUSSTHEIT löst die Illusion des Egos auf. Dieses AUFLÖSEN ist im eigentlichen Sinn eher ein ERKENNEN, denn wie wollen Sie etwas lösen, was in Wahrheit gar nicht vorhanden ist? Wer alle Situationen des Alltags als natürliche "Präsenz des SEINS" erlebt, anstatt sie als persönliches ICH zu erfahren, der ist zum einzigen, wahren ICH erwacht.

Das Ego hat viele Gesichter, und es ist süchtig nach Ruhm. Es will beachtet, beneidet, geliebt werden. Dafür ist es bereit, fast alles zu tun. Es spielt gern Rollen, in der Kirche, beim Staat oder Militär, und natürlich will es auch, dass diese Rolle respektiert wird. Es spielt auch gerne den Chef oder den Erzieher. In allem, worin es sich überlegen fühlen kann, fühlt es sich wohl. Je mehr wir uns aber mit einer Rolle identifizieren, desto weniger sind wir beziehungsfähig, weil sich immer nur zwei Rollen begegnen. Das Ego spielt die Rolle "Mir geht es gut", auch wenn das gar nicht stimmt. Das Ego ist hart und weist alles von sich, es glaubt, es sei so stark und brauche nichts und niemanden.

Der Hauptgrund für das Unglücklichsein ist gar nicht die Situation, sondern die Gedanken darüber.

Nur das, was ich über die Situation denke, macht die Situation aus, denn wenn ich etwas ablehne, dann ist es ja nur die persönliche Wahrnehmung. Es hat mit der Sache selbst nichts zu tun. Fast jeder erlebt immer wieder einmal Momente, in denen er frei ist. Es ist so, als ob das Ego kurzfristig verschwunden wäre. Man fühlt sich wohl und wird plötzlich von einer unbekannten Leichtigkeit heimgesucht, die man natürlich am liebsten festhalten würde. Doch so, wie sie gekommen ist, wird sie auch wieder verschwinden. Denken wir darüber nach, dann werden wir feststellen, dass wir für diese wenigen Augenblicke nicht verantwortlich sind.

Wir werden auch feststellen, dass diese Momente einfach da waren, ohne dass wir etwas dazu beigetragen haben. Dies sollten wir auf uns wirken lassen und erkennen: Das wirklich "GUTE" kommt unverhofft und plötzlich. Erkennen wir auch im scheinbar "Schlechten" das GUTE, dann haben wir unser Leben verstanden. Dann haben wir es verstanden, mit dem Herzen zu leben und die Dinge so zu nehmen, wie sie sind.

ICH bin nicht das EGO

Das Ego bin nicht "ICH", es ist nur eine Vorstellung von mir, mich als dieses Ego zu empfinden. Sobald die "Illusion des ICH" als Illusion erkannt wird, löst sie sich auf - und an die Stelle der *Vorstellung* von mir tritt die *Wirklichkeit* des SEINS.

Das Ego verwechselt HABEN und SEIN. Es glaubt: "Je mehr ich habe, desto mehr bin ich!" Aber mein SEIN kann ich nicht vermehren. Da das Ego spürt, dass es nicht wirklich ist, versucht es ständig, mehr zu haben, und fühlt sich erst so richtig wohl, wenn ihm die ganze Aufmerksamkeit gilt. Weil es aber nie wirklich mehr wird, will es immer mehr haben und sein, ohne dabei jemals "satt" zu werden.

Das Erste, was wir von uns wahrnehmen, ist unser Körper, daher glauben wir, der Körper zu sein. Dieser Körper hat ein Geschlecht, und so identifizieren wir uns damit. Wir fühlen uns als Mann oder als Frau. Das verlangt ein bestimmtes Verhalten, nämlich eine eigene Persönlichkeit, von der wir wieder glauben, dass wir das sind. Die Persönlichkeit ist das, was uns ausmacht, aber wir können doch keine Persönlichkeit sein ... Dann müsste die Persönlichkeit ja etwas Eigenständiges sein, wenn dem so wäre. Sie ist aber nichts weiter als eine Eigenschaft,

die immer nur eine Abspaltung von meinem SEIN, aber niemals ich SELBST sein kann.

Da wir nicht unsere Persönlichkeit oder Person sind, sind wir auch nicht unser Aussehen. Wenn wir mit unserem Aussehen zufrieden sind, erhöht das unser Selbstwertgefühl. Sind wir das nicht, dann beeinträchtigt das unser Selbstwertgefühl und wir sind unzufrieden. Das Gleiche gilt für unsere physische Kraft, unsere Intelligenz oder sogar unseren Besitz. Haben wir viel, zum Beispiel viel Geld, und können uns viel leisten, dann glauben wir, gut zu sein. Wir sind sogar der Ansicht, dass wir dann etwas Besseres wären.

Sobald wir »zu Bewusstsein« gekommen sind, löst sich die Identifikation mit diesen Äußerlichkeiten auf und wir erkennen unseren Wert im Erwachen.

Irgendwann erkennen wir, dass auch das Erwachen uns nicht größer macht, sondern wir dadurch nur einen immer größeren Teil unserer wahren Größe erkennen.

Wenn wir einen schweren Verlust erleiden oder mit dem Tod konfrontiert werden, können wir manchmal erkennen, dass wir dadurch gar nicht "weniger" geworden sind. Diese Situationen stärken uns, weil wir gezwungen werden *hinzusehen*.

Indem sich das, womit wir uns identifiziert haben, auflöst, löst sich auch ein Teil des Egos auf, das damit verbunden war. Besser gesagt, das Ego tritt mehr in den Hintergrund und ist transparenter geworden. Doch nicht jeder, der einen schweren Verlust erleidet, erwacht dadurch auch zu sich SELBST, wenn er sich dessen nicht bewusst wird, weil er "in Gedanken" ist.

Um sich vom scheinbaren ICH zu erlösen, sollte man sich einmal bewusst machen, zu WEM ich eigentlich ICH sage. Wen genau meine ich damit? Wenn ich ernsthaft eine Antwort suche, führt das früher oder später zu der Erkenntnis, dass ICH nicht irgendjemand oder irgendwas bin, sondern dass ICH einfach nur BIN. Und dieses wahrhaftige ICH hat nichts mit der Persönlichkeit zu tun, die ich fälschlicherweise ICH nenne. ICH BIN die ewige Gegenwart des SEINS. Ego und Bewusstsein schließen sich gegenseitig aus. Sobald wir bei Bewusstsein sind, ist das Ego "verschwunden" - oder besser gesagt, es tritt in den Hintergrund. Natürlich ist es noch da, aber es hat seine Position abgegeben. Es ruht in sich, als hätte es niemals existiert, weil das SELBST die Vorherrschaft übernommen hat. Nun beginnt das ENDE DES LEIDENS, weil da niemand mehr ist, der leiden könnte!

Wenn sich niemand mehr mit LEID identifiziert, dann ist es auch nicht mehr existent. So etwas wie Leid hat es niemals gegeben.

Bewusstsein kennt kein Leid. Wenn man Leid erlebt, sollte man sich einmal bewusst machen, WER da leidet. Das, was da leidet, hat mit Ihnen nichts zu tun! Auch der, der die Wahrheit sucht, sind nicht Sie, denn Sie SIND die Wahrheit. Jedes Suchen entfernt Sie nur von dem, was IST - von dem, was Sie sind. Das Leben bietet uns *in jedem Augenblick* die Erfahrung an, die für die individuelle Entwicklung am hilfreichsten ist. In JEDEM Augenblick. Schauen Sie doch einmal auf die Erfahrung, die Ihnen das Leben in DIESEM Augenblick anbietet ...

Die Aufgabe ist es, wieder in die wahre Identität zurückzukehren - in das Bewusstsein unseres wahren SEINS. Es ist unsere Aufgabe, die Hindernisse zu erkennen und aufzulösen, aus der "Illusion des ICH" hervorzutreten und wieder der zu sein, der ICH BIN.

Es ist nur ein Schritt, als ob sich ein Schalter umlegen würde – und das Licht des wahren Seins erscheint wieder in seinem vollen Glanz.

Wieder als diese "unversiegbare innere Quelle" in Erscheinung zu treten, das ist der Weg. Damit kann die natürliche Fülle wieder auf allen Ebenen des SEINS ungehindert "in Erscheinung" treten - als Lebenskraft, Vitalität und Lebensfreude. Mit dem "Strom des Lebens" kommt *ständig* Neues auf uns zu, das sich in uns spiegelt. **Diese ständige Erneuerung zeigt sich geistig sowie körperlich, und je bewusster der Mensch das Leben erfährt, umso liebevoller, gesünder, strahlender und vollkommener wird er auch nach außen erstrahlen.** Diese Erneuerung geht bis ins Zellbewusstsein über, so dass wir für immer jung sein und somit "alterslos" leben könnten. Das meint letztlich auch

"Unsterblichkeit des Körpers", denn unser wahres Wesen IST ja unsterblich. Bewusstsein kann gar nicht sterben, aber wenn ich nicht "bei Bewusstsein" bin, kann ich es auch nicht erleben.

Indem wir unser Bewusstsein immer wieder auf dieses wahre SEIN richten, beginnt der Körper, sich darauf einzustellen. Nicht nur er muss sich umstellen, unser ganzes Leben ändert sich dadurch, denn durch die andere Energiefrequenz ziehen wir ganz andere Ereignisse in unser Leben. Neue Möglichkeiten bieten sich an, und neue Ereignisse stellen sich ein.

Es beginnt damit zu erkennen, dass ich kein persönliches Wesen, kein Körper, kein Ego, kein Gedanke und kein Gefühl sein kann. ICH BIN dieses wahre SEIN. Anzuerkennen, dass es so IST, bereit zu sein und mich bewusst dafür zu entscheiden, sind Voraussetzungen, um in mir zu erwachen. Dazu gehört auch die Bereitschaft, das "Bisherige" loszulassen - und bereit zu sein für das "NOCH NICHT". Nicht mehr an meinem "ICH" zu hängen und bewusst das wahre SEIN zu wählen, das ist der Weg.

Bewusstsein wird am einfachsten durch Bewusstsein an sich SELBST "er-innert". Jemand der "erwacht" ist und in der Wirklichkeit des SEINS lebt, IST in einer energetischen Schwingung, die es ihm erlaubt, dass auch andere ihr wahres SEIN leichter erkennen können. In Wirklichkeit IST der scheinbar andere gar kein anderer, sondern ein anderer Aspekt des EINEN SEINS, das ICH BIN. Ich erinnere mich also in Wahrheit an mich SELBST. Wenn "zwei" in diesem Bewusstsein eins werden, IST es das EINE SEIN.

Meditation zur Auflösung der "ICH-Hypnose"

Um zum vollkommenen WAHREN SEIN zu erwachen, bedarf es einer Annäherung. Auch wenn man das in Wirklichkeit gar nicht so nennen kann, ist es eine Erklärung, die der Person gilt. Auch wenn wir alle göttliches Bewusstsein sind, so ist es doch der Mensch, der sich nur über die persönliche Erfahrung SELBST entdecken kann. Das bewusste Erleben von ICH BIN geschieht frei von jeder Vorstellung. Es ist REINES SEIN, ohne Gedanken, Gefühle, Überzeugungen oder Vorurteile. Deshalb lassen Sie uns abtauchen in diese einzigartige Schönheit der Vollkommenheit.

- Wenn Sie bereit sind, dann schließen Sie Ihre Augen und schalten Sie damit auch Ihre Sinne ab, die nun frei von Ablenkung pausieren können.

- Gestatten Sie Ihrem Körper, vollkommen bewegungslos zu sein, und beenden Sie damit JEDE körperliche Aktivität. Sitzen Sie bequem? Wenn nicht, dann richten Sie sich noch einmal neu aus und verlagern

Sie Ihr Gewicht ganz natürlich auf Ihr Gesäß, ohne sich dabei anzustrengen. Ein natürliches Sitzen, frei von Akrobatik, ist hier hilfreich.

- Nun richten Sie Ihre Aufmerksamkeit ganz nach innen und aktivieren Sie damit die “inneren Sinne” Ihrer Wahrnehmung.

- Ziehen Sie jetzt die Aufmerksamkeit bewusst von der “Illusion des ICH” ab - und richten Sie sie auf die Wirklichkeit Ihres wahren SEINS.

- Konzentrieren Sie die Vielfalt Ihrer Gedanken auf einen Punkt und beobachten Sie bewusst Ihren Atem.

- Nichts verändern, nichts wollen, nichts erwarten - beobachten Sie nur, was geschieht - oder auch nicht. Leben Sie im Moment des DASEINS.

- Kommt ein Gedanke, sagen Sie: “Jetzt nicht, jetzt beobachte ich NUR meinen Atem.”

- Jetzt sind Sie nicht Ihr Körper, sondern reines Bewusstsein, das den Körper nicht nutzt. Sie spüren ganz klar, dass Sie nicht dieser Körper sein können, der Körper ist in diesem RAUM, der Sie sind.

- Sobald dieser Satz Ihr einziger Gedanke ist, lassen Sie auch ihn los und erleben bewusst Gedankenstille.

- Und nun lassen Sie Ihr Bewusstsein von Ihrer Mitte aus immer weiter werden. Lassen Sie es sich so weit ausdehnen, bis es Ihren ganzen Körper erfüllt. Ihr Bewusstsein erfüllt JEDE Zelle Ihres Körpers.

- Sie sind der stille Beobachter Ihres SEINS. Fühlen Sie dieses ICH BIN, alles andere ruht.

- Machen Sie sich Ihre Mitte bewusst und ruhen Sie in dieser.

- Lassen Sie Ihr Bewusstsein nun noch weiter werden, über den Körper hinaus, immer weiter, bis es allumfassend ist.

- Jetzt sind Sie nicht mehr Ihr Körper, sondern reines Bewusstsein, das den Körper nur nutzt, um hier zu sein. Sie spüren ganz klar, dass Sie nicht dieser Körper sein können, denn der Körper ist in diesem RAUM, der Sie sind.

- Ihr Bewusstsein ist jetzt ganz weit, offen und bereit, sich an die Wirklichkeit Ihres wahren SEINS zu erinnern.

- Sie fühlen ganz deutlich, wie JEDES Wort Teil Ihres Bewusstseins wird. Auch Ihr Unterbewusstsein nimmt das als neues Programm freudig an, welches von nun an Ihr Leben bestimmt.

- Sie sind ganz bewusst im HIER und JETZT. Sie sind ganz DA.

- Sie sind *körper*los, *alters*los und *zeit*los. Ohne Eigenschaften sind Sie reine Existenz. PUR.

- SIE sind die liebevolle Präsenz des SEINS: Fühlen Sie dieses ICH BIN. Nichts außer diesem EINEN ist hier. Was noch wahrgenommen wird, wird einfach im Raum stehen gelassen. Ihre ganze Aufmerksamkeit ist einfach nur DA.

- Nun sind Sie sich allumfassend gewahr:
  ICH BIN ganz und im EIN-Klang mit allem.
  ICH BIN alles.
  ICH bin bei mir selbst angekommen.
  ICH BIN.

- ***Als diese liebevolle Präsenz des SEINS*** *gehe ich von nun an durch mein Leben.*
- ***Als diese liebevolle Präsenz des SEINS*** *erfülle ich meine Aufgaben.*
- ***Als diese liebevolle Präsenz des SEINS*** *bin ich ganz bewusst im HIER und JETZT.*

- Wann immer ich bereit dazu bin, öffne ich wieder die Augen und gestatte meinem Körper, sich frei zu bewegen. Ich bin ganz bewusst ICH BIN. ICH BIN reines Bewusstsein. ICH BIN.

II.

WEGE AUS DEM LEID

DER WEG ZU SICH SELBST

Zu sich selbst erwachen

Irgendwann kommt im Leben eines JEDEN Menschen ein einmaliger Augenblick, in dem er sich seiner SELBST bewusst wird. Wann das geschieht, spielt keine Rolle. Das Leben ist kein Wettbewerb. Vielmehr ist es ein sanfter Erweckungs- und Aufwachprozess, der sowieso geschieht. Bei dem einen geht es schneller, bei dem anderen etwas gemächlicher vonstatten. Trotzdem sind wir alle ein und dasselbe Bewusstsein.

Es gibt keinen Besseren, Langsameren, Schnelleren oder Schlechteren. Da wir alle gleichen Ursprungs sind, werden wir uns auch alle eines Tages als dieser Ursprung wiederentdecken. Bis dahin sammeln wir so unsere Erfahrungen ... Erkennen wir uns darin, lernen wir daraus und richten wir uns danach aus, dann kommt schon das nächste Erlebnis auf uns zu. **Bleiben wir in einer Erfahrung stecken, weil wir uns dagegen wehren, dann werden diese Erfahrungen immer schmerzvoller – und das ist das, was wir als Leiden bezeichnen.**

Wir leiden also, weil wir Widerstand leisten und uns den Gegebenheiten des Lebens nicht hingeben können.

Wir leiden, weil das Leben “auf Teufel komm raus” nicht so sein will, wie wir es haben wollen. Und wir leiden auch, weil wir ständig unzufrieden sind und glauben, das Leben müsste unseren Vorstellungen entsprechen. Ständig wollen wir etwas ändern, und mit vielem sind wir nicht einverstanden. Wir lieben das Leben, wenn es unseren Vorstellungen entspricht. Aber wehe, es geschieht etwas Unvorhergesehenes oder etwas, das uns gar nicht in den Kram passt – dann empfinden wir das als Leid. Der Drang in uns ist stark, ständig etwas erreichen oder gar erzwingen zu wollen. Manchmal gelingt es, manchmal nicht.

Es stellt sich die Frage, ob es auch "gelungen" wäre, wenn wir uns nicht so angestrengt hätten. Nehmen wir einmal an, wir kämpfen für ein Vorhaben und haben Erfolg. Erfolg ist ja nur etwas, was erfolgt. Die Frage, die sich stellt, ist: Erfolgt es, weil ich mich so ins Zeug gelegt habe, also meinem HANDELN entsprechend, oder erfolgt es, weil es so sein soll, also meinem SEIN entsprechend. Wer weiß ...? Vielleicht passieren die Dinge sowieso. Vielleicht passieren Sie einfach nur deshalb, weil sie passieren. Vielleicht braucht es unser Zutun gar nicht. Haben Sie darüber schon einmal nachgedacht? Natürlich tun wir etwas in Form einer Handlung, doch inwieweit haben wir auf dieses Tun einen Einfluss und inwieweit können wir gar nicht handeln?

Nehmen wir einmal an, Sie bekommen einen Wutanfall, weil Ihnen das Leben in irgendeinem Bereich einen Strich durch die Rechnung gemacht hat. Sie bekommen einen Wutanfall und werfen den nächstbesten Gegenstand in die Ecke. Haben Sie einen Einfluss auf diese Handlung? Haben Sie geplant, dies zu tun, und es schon einen Tag vorher geplant? Haben Sie vorgestern schon vorgehabt, dass Sie heute um 13 Uhr einen Wutanfall bekommen und ein Buch in die Ecke werfen? **Oder ist es einfach so passiert?** Auch wenn Sie es "getan" haben und Ihr Körper das bewerkstelligt hat, inwieweit ist es Ihr Tun?

Das sind Fragen, denen wir uns stellen sollten, denn wir bemängeln zwar ständig das

Leben und alles, was uns so begegnet, doch wir sehen nie genauer hin. Es lohnt sich allemal, das Leben mit allen Abläufen genauer zu durchleuchten und nicht nur oberflächlich hinzusehen. Was sind unsere Gedanken? Wo kommen sie her? Habe ich Einfluss auf meine Gefühle? Und was sind Gefühle überhaupt? Wer fühlt und was bin ich? Kann ich der Körper oder meine Handlungen sein?

Das, was wir LEID nennen,
ist nichts Schlimmes ...

... wenn wir entdecken, was dahinter steckt.

... wenn wir entdecken,
was es uns sagen will.

... wenn wir entdecken, was es wirklich ist.

Weil wir das, was wir Leid nennen, ablehnen, leiden wir. Es ist also nicht das sogenannte "Leid", das das Problem ist. Es ist unsere Sichtweise der Dinge, die Leid überhaupt

erst entstehen lässt. Nur über das Leid werden wir zu uns SELBST erwachen.

Es ist das Leid, das uns zurechtrückt und schlussendlich dazu "zwingt", unserer wahren Identität auf die Schliche zu kommen. In dem Moment, in dem wir zu uns selbst erwachen, ändert sich das Leben. Es ist der Schritt vom unbewussten Dasein in das bewusste SEIN. Es ist das geistige ERWACHEN, das uns uns SELBST erkennen lässt.

Das ganze Leben ist eine Forschungsreise ins eigene Bewusstsein. Warum? **Weil es nichts außer Bewusstsein gibt.** Alles Sichtbare kann nicht Bewusstsein sein, weil das Bewusstsein sich durch das Sichtbare und als Sichtbares darstellt, ohne sich dabei zu verändern. Also ist all das, was wir z. B. sehen, nur eine Spiegelung des Bewusstseins SELBST.

Sich als Bewusstsein zu erfahren, ist die innere Entdeckung, die jenseits der Sinne stattfindet.

Sie lässt uns erwachen und entbindet uns vom Leid. Unsere Sichtweise und die Wahrnehmung der Sinne binden uns an die Trugbilder des Lebens, die wir als real ansehen. In Wirklichkeit ist die sogenannte Realität aber nicht real, sondern eine Vorlagerung, eine bildliche Erscheinung der Realität. Dies zu erkennen, ist unsere Aufgabe und deshalb sind wir hier.

Zu leben ist eine Kunst und eine "heilige Handlung", denn dabei geschieht ein Wunder. Reines Bewusstsein tritt ein in einen Körper und damit materiell "in Erscheinung". Der Mensch schlägt sich durch das Leben - bis er damit beginnt, es bewusst zu durchleben. Dann erst erlebt er den Augenblick ganz bewusst und lässt sich von seinen Sinnen nicht mehr in die Irre führen. Irgendwann erwacht er zu sich selbst. Bis dahin aber macht er vorher die wichtigste, aber auch erschütterndste Erkenntnis: Er bemerkt, dass er bis jetzt auch tagsüber geschlafen hat. Der Mensch schläft also nicht nur nachts, sondern auch tagsüber - und das mit offenen Augen. Er träumt den Traum von unserem Traum Leben. Das zu erkennen, ist wohl der wichtigste Schritt auf dem Weg, denn wir werden uns nicht darum bemühen aufzuwachen, wenn wir unseren 24-Stunden-Tiefschlaf gar nicht bemerken.

Es setzt eine Bereitschaft voraus, etwas ändern zu wollen, damit man dieses Spiel durchschaut. Aber es reicht nicht aus, es vom Kopf her zu wollen, sondern es bedarf einer inneren Bereitschaft.

Erst in der Gedankenstille erkennen wir die Wirklichkeit unseres Seins und unser wahres Wesen.

Nur in der Stille können wir in die Klarheit des Bewusstseins eintreten und die natürliche Eigenschaft des Bewusstseins erleben. Dann nehmen wir wahr, was IST, und das, was zu sein scheint, rückt in den Hintergrund. Plötzlich haben wir keine Verwendung mehr für das Denken, weil es unzureichend und fehlerhaft ist.

Die umfassende Wahrnehmung hingegen ist von ihrem Wesen her frei von Fehlern. Sie ist umfassend, unbegrenzt und wahrhaftig. Unser Bewusstsein zieht die Aufmerksamkeit nach innen. Unbewusstheit richtet die Aufmerksamkeit immer nach außen - auf das, WAS bewirkt wurde. Bewusstsein aber nimmt das wahr, was wirkt - und zwar unverschleiert und unverfälscht. Bevor wir zu Bewusstsein kommen, d. h. bevor wir unsere wahre Identität entdecken, leben wir als Persönlichkeit in der Illusion des Körpers. Wir glauben, unsere Gedanken, unsere Gefühle, unser Körper zu sein, was wir in Wirklichkeit aber alles nicht sind. Wir nutzen all diese Dinge nur, um zu uns selbst zu erwachen.

Haben wir erkannt, dass diese bisherige Sichtweise nur eine Einbildung war, dann beginnen wir damit, in der Wirklichkeit zu leben.

Erst dann sind wir auf dem geistigen Weg des Lebenspfades angelangt. Und erst dann beginnt das Leben so richtig, denn der Weg wird zum Ziel, wenn wir ihn erkannt haben. Wenn das Bewusstsein erwacht, dann erwacht auch die Wahrnehmung, das Erkennen der Wirklichkeit HINTER dem Schein. Dadurch wird Denken mehr und mehr überflüssig. Natürlich denken wir noch, doch das Grübeln wird überflüssig. Wir hören auf, uns zu "bedenken", und gehen in ein direktes Erleben über. Das störende Denken steht nicht mehr zwischen unserem wahren UNS und dem Leben. Das Leben der Menschen spielt sich nur in ihren Köpfen ab. Wer sich aber SELBST erkennt, der lebt im Augenblick und hält sich nicht in den Irrbildern des Verstandes auf. Und das ist ein sehr befreiendes HIERSEIN, denn die Zwischenstation des Denkens, die uns ständig davon abhält, wir SELBST zu sein, fällt weg – und was bleibt, ist der Augenblick.

Wahrnehmen ist das Ende aller Fragen, die ohnehin nur aus dem Verstand kommen. Bewusstsein hingegen weiß!

Es ist das WISSEN selbst, das Urwissen, die Ewigkeit. Es geht nicht darum, NICHTS zu denken, sondern dem DENKEN keine Aufmerksamkeit zu schenken. Gedanken kommen: Wer sie gehen lässt, ist frei, wer sie festhält, der wird immer in ihnen gefangen bleiben. **Die Wirklichkeit ist nicht dort, wo Gedanken sind, sondern sie bringt Gedanken hervor.**

Bewusstsein als Weg

Alle Probleme und alles Leid entstehen in der "Illusion des ICH". Das Bewusstsein hat keine Probleme und kennt auch kein Leid. Bewusstsein hat auch kein Karma, denn es ist von Natur aus frei von menschlichen Begrenzungen und Unzulänglichkeiten. **Bewusstsein wurde weder geboren noch wird es sterben, es IST.** Wenn wir geboren werden, wissen wir noch gar nicht, dass es UNS gibt, wir erleben nur die anderen, das Außen. Irgendwann machen wir eine erste Erfahrung. Wir spüren zum ersten Mal einen inneren Schmerz. Wir wissen noch gar nicht, dass wir Hunger haben, und schreien einfach drauflos. Dann machen wir eine weitere Erfahrung, ein wunderbares Wesen kommt und gibt uns die Brust oder ein Fläschchen. Dann hört der Schmerz auf und wir fühlen uns wohl. - Viele Menschen bleiben ein Leben lang bei dieser Erfahrung und schreien herum, wenn ihnen etwas nicht passt.

Irgendwann machen wir weitere Erfahrungen. Wir gehen zur Schule, lernen einen Beruf und erkennen, dass sich unser Leben durch unsere Handlungen verändert. Aus diesem Grund glauben wir auch, dass wir die Realität ändern können. Natürlich wissen wir da noch nicht, dass es gar nicht die Realität ist. Natürlich wissen wir auch nicht, dass wir nicht der sind, der handelt, doch wir übernehmen das Konzept des Irrglaubens und verstricken uns so immer mehr in die Täuschungen des Lebens. Doch es sieht ja so aus, als wäre das alles echt. Alles spricht dafür, dass es so ist - wie es aber nicht sein kann. Wenn wir gut gelernt haben, bekommen wir gute Noten. Wenn wir gute Arbeit leisten, verdienen wir mehr Geld und haben Erfolg. Wenn wir auf unsere Gesundheit achten, bleiben wir gesund und fühlen uns wohl. Irgendwann sind wir groß und brauchen die anderen nicht mehr, um unser Leben zu gestalten, und "führen" unser Leben wirklich ganz bewusst.

Die Jahre vergehen und es kommt irgendwann ein einmaliger Augenblick – und wir kommen »zu Bewusstsein«.

Dann erkennen wir, WER wir WIRKLICH sind. Wir erkennen, dass wir NICHT der Körper, der Verstand oder unsere Persönlichkeit sind, sondern Bewusstsein an sich. All das, was wir bis jetzt als ICH bezeichnet haben, sind nur unsere "Erfahrungsinstrumente", und wir erkennen uns als Bewusstsein, als reine, bewusste Energie. Wir erkennen, dass Bewusstsein weder krank noch alt werden kann, denn Bewusstsein IST. Wir waren ES, BEVOR wir geboren wurden, und sind es, während wir leben. **Wir sind es auch immer noch, wenn wir den Körper längst verlassen haben. Wir gehen nirgends hin. Immer sind wir DA. Wir sind ewig.**

Wir treten jedes Mal, wenn wir durch ein neues Werkzeug wirken, in ein ganz neues Leben ein. So erkennen wir auch, dass wir gar nicht an uns “arbeiten” müssen und auch nicht “vorwärtskommen”, da wir bereits vollkommen sind. Wir sind vollkommenes Bewusstsein, das ganz bewusst in die Begrenzung einer menschlichen Existenz gegangen ist, um bestimmte Erfahrungen zu machen. SO können wir unsere Lebensabsicht erfahren, denn ohne Körper wäre dies nicht möglich. Wir sind hier, um bestimmte Aspekte unserer Vollkommenheit zu “er-leben”. Das heißt, wir können uns zurücklehnen und das Leben genießen.

Wäre da bloß nicht das Denken, das uns natürlich etwas anderes weismachen will. Doch auch das Denken ist notwendig, denn auch das benötigen wir, um erwachen zu können. Alle körperlichen Instrumente sind notwendig, Gefühle genauso wie das Ego, denn nur über diese Hilfsmittel gelangen wir in das JETZT. Das Jetzt ist das, was wir sind. Bewusstsein an sich. Wir müssen nirgendwohin, wenn wir ZU Bewusstsein gekommen sind.

Das müssen wir vorher zwar auch nicht, aber wir *glauben,* es zu müssen.

Wenn Bewusstsein immer da ist und wir dieses Bewusstsein sind, was gibt es dann überhaupt noch zu tun?

Wenn wir bei uns SELBST "angekommen" sind, dann sind wir endlich wieder "zu Hause". Wir erkennen das Leben als wunderbares Geschenk, und ALLES, was "geschieht", ist von gleicher Gültigkeit. Es ist uns also nicht in Form von herkömmlicher Gleichgültigkeit egal, sondern alles darf so sein, wie es ist. Alles hat die Berechtigung, sich so zu zeigen, wie es das tut. Alles ist ein Geschenk, ganz gleich, ob es das EGO als angenehm oder unangenehm beurteilen würde. Es ist ganz unwichtig, denn wir beurteilen die Dinge nicht mehr, wir erleben sie bewusst und gehen in heiterer Gelassenheit durch unser

Leben. Wir brauchen keine bestimmten Ursachen mehr zu setzen, um unsere Realität zu verändern, denn unser Sosein IST die Ursache und zieht ganz von selbst die entsprechenden Ereignisse in unser Leben. Auch hält es zuverlässig fern, was uns NICHT entspricht. Ganz von SELBST "stimmt" unser Leben - und alles ist ganz einfach. Wir leben in der "Leichtigkeit des SEINS".

Beim Eintritt in die Materie wird das Bewusstsein zunächst durch den Körper und seine begrenzten Möglichkeiten, die Sinne, begrenzt. In Wirklichkeit aber bleiben die Möglichkeiten des Bewusstseins grenzenlos und allumfassend. Ein wichtiger Teil der Lebensabsicht ist es, wieder "zu Bewusstsein" zu kommen. Das heißt, sich seiner SELBST bewusst zu werden und seinen Körper ALS Bewusstsein in Besitz zu nehmen und zu leben. Immer wieder höre ich die berüchtigte Frage: "Und wie komme ich jetzt zu Bewusstsein?" Gegenfrage: "Wie legen Sie sich hin?" Die Antwort ist nicht "mit dem Körper", sondern ich möchte wissen, wie Sie das handhaben? Aha, Sie legen sich einfach hin. Sie müssen vorher gar nicht darüber nachdenken, denn wenn der Impuls da ist, sich hinlegen zu wollen, dann können Sie gar nicht so schnell schauen und schon liegen sie. Aber wie ist das passiert? Wie halten Sie einen Löffel in der Hand? Wie atmen Sie? Sie sehen also: Das alles geschieht einfach so. Dazu müssen Sie gar nichts wissen, es ist ein automatischer Ablauf, der geschieht. Und genauso ist es mit Bewusstsein: Es geschieht dann, wenn Sie es nicht mehr wollen.

Wenn Sie aufhören, nach Bewusstsein zu suchen, und den Willen ablegen, es zu wollen, dann wird es passieren. Einfach so.

Und es passiert dann, wenn Sie gar nicht damit rechnen. Die Voraussetzungen hierfür

sind die Bereitschaft, sich zu öffnen und das ganze Leben stiller auszurichten. Es ist der Beginn einer Lebensform, die natürlich ist. Sie können nicht planen, bewusst zu sein, und Sie können sich auch nicht vornehmen, natürlicher zu leben. Es sind Entwicklungsstufen, bei denen der Mensch immer feiner wird und sich immer mehr und mehr öffnet. Es beginnt damit, sich mehr für das Innere statt das Außen zu interessieren. Das bedeutet aber nicht, dass man das ganze Leben ändern muss. Man folgt dem Bedürfnis, ALLES, was man TUT, und alles, was IST, genauer zu betrachten und das Leben zu erforschen. Man beginnt damit, sich Fragen zu stellen, die sich nur wenige stellen. Es ist nicht die Frage, was Sie morgen zu Mittag kochen sollen, sondern die Frage, WER kocht. Es ist auch nicht die Frage, wann Sie morgen einkaufen gehen, sondern WER geht. Und es ist auch nicht die Frage, wie Sie mit Ihrer Traurigkeit umgehen sollen, sondern wo Traurigkeit Ihren Ursprung hat. Sie sehen also an diesen paar Beispielen: Es gibt viele spannende Fragen, die sich aber niemand stellt. Würden sich die Menschen mehr solcher Fragen stellen, dann wäre auch ihr Leben anders. Doch man stellt sich immer die passenden Fragen, weil die Fragen ja auch wiederum nur ihrem Bewusstsein entsprechen können. **Alles in Ihrem Leben entspricht Ihnen.** All das, was Sie als Ihr Leben oder Umfeld bezeichnen, ist etwas, das Ihnen folgt. Es ist die Darstellungsform Ihres Wesens, denn so etwas wie eine Welt gibt es nicht. Zumindest nicht so, wie wir sie sehen - und doch existiert sie in den Köpfen der Menschen. Doch das, was Sie sehen, sind immer nur Sie selbst.

Es ist eine Spiegelung im Bewusstsein, und in Wirklichkeit ist es gar nicht hier.

Deshalb kann auch niemand die Dinge genau so sehen, wie Sie es tun, weil jeder nur seine

Form der Spiegelung wahrnehmen kann. Also ist es durchaus normal, dass jeder eine andere Meinung haben muss. Doch gibt es auch Menschen, die keine Meinung haben, da sie sich kein Urteil über das, was sie sehen, bilden, sondern es einfach nur wahrnehmen. Und das sind genau die Menschen, die sich ihrer SELBST, IHRES SELBST, bewusst "geworden" sind.

Man begegnet immer nur sich SELBST

ALLES ist ein individualisierter Ausdruck des EINEN SEINS. Wir ziehen immer nur den individualisierten Ausdruck an, der uns entspricht, mit dem wir in Resonanz sind, der unsere nächste Aufgabe repräsentiert und enthält. Das gilt für JEDE Begegnung - für den Lebenspartner ebenso wie für unsere Freunde und die, die uns weniger gut gesinnt sind. Wir sind unser EINZIGER Gegner und ebenso unser einziger Freund.

Also begrüßen wir JEDEN, der uns begegnet, als UNS. Erkennen wir, welchen Aspekt er UNS bewusst macht, welche Aufgabe er enthält – und lösen wir sie. Am besten sofort, denn er wird uns wieder und wieder begegnen, bis wir die Aufgabe erkannt und gelöst haben. Wenn wir immer wieder das Gleiche erleben, heißt das nur, dass wir uns der Aufgabe nicht gestellt, sie bisher nicht gelöst haben, und das Leben bietet uns gerade eine weitere Chance dazu, damit wir frei sind für den nächsten Schritt. Solange eine Aufgabe nicht gelöst ist, können wir nicht weitergehen und behindern unsere eigene "Ent-Wicklung". Das Wichtigste ist daher, die darin enthaltene Aufgabe zu erkennen, denn wir können eine Aufgabe erst lösen, wenn wir sie erkannt und angenommen haben. Aber es ist nicht meine Aufgabe, sie so schnell wie möglich zu lösen, sondern die Lösung zu genießen. Das

Leben nicht "erledigen", sondern es "zelebrieren". JEDEN Augenblick dieses wunderbaren Geschenkes zu leben, bewusst und dankbar zu "er-leben". Mir bewusst bei meiner eigenen "Ent-Wicklung" zuzuschauen, dankbar zu erkennen, welche Schritte ich bereits getan habe, und das "Geschenk des Augenblicks" bewusst zu erleben. Dabei nicht auf das Urteil des "ICH" zu achten, ob es das als angenehm oder als unangenehm empfindet, sondern zu erkennen, dass ALLES hilfreich ist. Oft ist das besonders Unangenehme besonders hilfreich. **Ich erlebe immer ganz bewusst, dass ich ALLES immer nur SELBST bin, denn ich begegne mir IMMER nur SELBST.** Damit ist es selbstverständlich, dass ich JEDEM Aspekt liebevoll und achtsam begegne.

Wie Jesus sagte: »Was ihr dem geringsten meiner Brüder tut, habt ihr mir getan.«

Und irgendwann erkenne ich in ALLEM das EINE SEIN, das ICH BIN. Auch in meinen Kindern oder Eltern werde ich es erkennen. Unser Umfeld haben wir nach dem "Gesetz der Resonanz" angezogen, weil wir alle eine gemeinsame Aufgabe haben. **Es ist nicht unsere Aufgabe, unsere Kinder zu "erziehen", sondern liebevoll miteinander herauszufinden, was zu tun ist, und dem scheinbar anderen dabei zu helfen, zu sich selbst zu erwachen.** Das wichtigste Geschenk, das Sie sich SELBST machen können, ist, Ihr erwachtes Bewusstsein dem "Kind" mit auf seinen Weg zu geben.

Das EINE SEIN, das ich BIN, begleitet mich STÄNDIG auf meinem Weg durch mein Leben und sorgt dafür, dass immer zur rechten Zeit das "Richtige" geschieht. Aber es lässt dem "ICH" die freie Wahl, sich zu entscheiden. Es stellt es in JEDEM Augenblick vor die Notwendigkeit, sich zu entscheiden und damit seinen Lebensweg zu bestimmen.

Wenn wir »erwacht« sind und uns als Bewusstsein erkannt haben, treffen wir ganz bewusst selbst diese Entscheidung.

Dann aber ist nichts mehr zu entscheiden, denn niemand würde sich bewusst für das scheinbar "Falsche" entscheiden. Plötzlich ist alles ganz einfach, denn die "Illusion des ICH" ist verschwunden. Es hat sich aufgelöst - und es gibt nur noch mich SELBST. Ohne "ICH" ist wirklich alles ganz einfach!

Bei sich SELBST ankommen

Was wissen Sie aus eigener Erfahrung über sich?

Ich mache mir einmal bewusst, was ich praktisch über mich erfahren kann. Ich lasse alles los, was ich über mich weiß, was man mir gesagt hat oder was ich gelesen habe. Was zählt, ist NUR, was ich PRAKTISCH erleben kann.

Wenn ich hinspüre, erlebe ich meine Existenz, erlebe, dass es mich gibt. Ich erlebe mich als SEIN, reine Existenz, ohne jede Eigenschaft. ICH BIN. Und ich bin mir dessen bewusst, also bin ich BEWUSSTSEIN. Ich bin bewusstes SEIN.

ICH spüre einmal, WO ich mich erlebe. Wo ist der Mittelpunkt meines bewussten Seins? Wo ist meine Mitte? Ich erlebe einmal ganz bewusst die Mitte meines SEINS. Ich ruhe bewusst in mir.

Dann fühle ich einmal meine Größe und spüre, wo meine Grenzen sind. Nun erkenne ich, dass da gar keine Grenzen sind. Dieses bewusste SEIN erfüllt meinen ganzen Körper, aber es endet nicht mit dem Körper. Also lasse ich mich einmal immer weiter werden, um zu spüren, wo meine Grenzen sind, und erkenne: Da ist keine Grenze, ich BIN grenzenlos. ICH BIN allumfassendes SEIN.

Dann spüre ich einmal mein Alter und erkenne: Ich habe gar kein Alter, denn ICH BIN alterslos und EWIG. Ich war immer und werde immer sein. Bewusstsein wurde weder geboren noch kann es krank oder alt werden, denn es IST. Bevor etwas war, war ich – und wenn nichts mehr sein wird, bin ich noch immer.

Nun nehme ich mich als dieses alterslose SEIN wahr. Ich war immer schon, bin immer und werde immer sein. Als dieses alterslose SEIN nehme ich nun einmal ganz bewusst meinen Körper in Besitz. Ich durchdringe und erfülle jede Zelle mit meinem bewussten SEIN. Ich spüre, wie die Vollkommenheit meines SEINS alles Unheile in meinem Körper auflöst und ich immer heiler werde. Ich lasse so ganz bewusst STÄNDIG Heilung "geschehen", so dass auch mein Körper ein vollkommener Ausdruck der Vollkommenheit meines wahren SEIN ist.

Als dieses vollkommene SEIN mache ich mir nun bewusst, weshalb ich hier bin. Welche Erfahrungen will ich hier machen? Ich gehe einmal ganz bewusst hinein in MEIN Leben, genieße und erfülle ganz bewusst JEDEN einzelnen Augenblick dieses wunderbaren Geschenks "Leben". Ich lebe bewusst liebevoll und segensreich und erfülle JEDEN einzelnen Augenblick mit der segensreichen Präsenz meines SEINS.

Wichtig ist, sich bewusst zu machen:
WER handelt, wenn "ICH" handle?

Wer hört, wenn "ich" etwas höre
... wenn ich glaube zu hören?

- *Wer sieht, wenn "ich" sehe*
  ... wenn ich glaube zu sehen?
- *Wer spricht, wenn "ich" spreche*
  ... wenn ich glaube, etwas zu sprechen?
- *Wer erlebt das, was "ich" erlebe*
  ... was ich glaube zu erleben?

Was auch immer meine Person wahrnimmt, es ist nicht meine Erfahrung. Es ist immer das Bewusstsein, das sich erfährt. Das, was "ich" als "ich" bezeichne, ist nur das ausführende Organ, damit sich Bewusstsein erfahren kann.

Ich erlebe mich bei allem ganz gezielt als MICH SELBST. Ich nehme als SELBST wahr und lasse die persönliche Wahrnehmung beiseite. Ich tausche das Sehen gegen das Beobachten, das Hören gegen das Lauschen und das Tun gegen das Getanwerden ein. Ich erlebe mich bei ALLEM, was ich tue, als dieses eine "Bewusst-Sein".

Irgendwann erkenne ich dann:

- ICH BIN reine Existenz, vollkommenes, ewiges SEIN.
- ICH BIN ein ungetrennter Teil des EINEN SEINS.
- ICH BIN unsterblich, unsichtbar, alterslos.
- ICH BIN liebevolle Präsenz des SEINS.
- ICH BIN ein bewusster Schöpfer ALLER Lebensumstände.
- ICH BIN in jedem Augenblick vollkommen. Ich war es immer und werde es immer sein.
- ICH BIN ein "Botschafter des SEINS" in der "Illusion der Realität".
- ICH BIN hier nur vorübergehend "zu Gast".
- ICH BIN hier, um mir meiner "natürlichen Vollkommenheit" bewusst zu werden.
- ICH BIN hier, um MICH "in Besitz" zu nehmen und mein geistiges Erbe anzutreten.

- ICH BIN ein vollkommener Ausdruck der "Vollkommenheit des SEINS".
- ICH BIN nicht "WER" oder "WAS", denn ICH BIN.

"Meditation", um sich seiner SELBST gewahr zu werden

Die folgende "Meditation" lässt Sie etwas tiefer eintauchen in Ihr wahres SELBST. Meditation ist ja keine Übung in diesem Sinne, sondern ein Bewusstseinszustand. Eine innere Haltung, die im und während des Alltags gelebt wird und nicht danach, am Rande oder nebenbei.

Überprüfen Sie immer wieder, so ganz zwischendurch, wie weit Sie bei Bewusstsein sind. Dies kann IMMER und in jeder Situation angewendet werden. Aus der ICH-Position heraus könnte das wie folgt aussehen:

Ich mache mir einmal bewusst, WEN ich meine, wenn ich “ICH” sage, und erinnere mich wieder daran, wer ich wirklich BIN.

Zuerst mache ich mir bewusst, was ich NICHT bin. Ich bin nicht der Körper, mein Verstand, meine Persönlichkeit und auch nicht die Rolle, die ich spiele.

ICH BIN: ein ungetrennter Teil des EINEN SEINS. Ich bin reine Existenz, vollkommenes, ewiges SEIN. ICH BIN der bewusste Schöpfer meiner Lebensumstände. Ich bestimme mein Leben bewusst durch mein SOSEIN.

Immer wieder richte ich meine Aufmerksamkeit auf mein wahres SEIN und erinnere mich an mich SELBST. Je öfter ich das tue, desto stärker fühle ich meine wahre Identität und LEBE bewusst als ich SELBST.

Ich fühle bewusst die Grenzenlosigkeit meines wahren SEINS. Erlebe bewusst, ich BIN "alterslos". Ich war immer und werde immer sein, denn ICH BIN. Als dieses alterslose SEIN nehme ich bewusst meinen Körper in Besitz. Durchdringe und erfülle JEDE Zelle mit meinem bewussten SEIN. Spüre, wie die Vollkommenheit meines SEINS alles Unheile in meinem Körper auflöst und ich immer heiler werde. Ich lasse so ganz bewusst STÄNDIG Heilung in meinem Körper "geschehen", so dass auch mein Körper ein vollkommener Ausdruck der Vollkommenheit meines wahren SEINS ist.

Als ICH BIN nehme ich JEDEN Aspekt meines Lebens bewusst in Besitz und erfülle ihn – mit der Vollkommenheit des ICH BIN. Meine Beziehung und meinen Beruf, meinen Erfolg und meine finanzielle Situation, meine Vergangenheit und meine Zukunft und mein wahres Wesen. Damit ziehe ich NUR noch Ereignisse in mein Leben, mit denen ich im "Ein-Klang" bin, und halte zuverlässig ALLES fern, was meinem wahren Wesen nicht entspricht. Ich lebe ganz bewusst als der, der ich *wirklich* BIN - als ich SELBST. Damit fällt auch alles KARMA von mir ab, denn den, der dieses Karma verursacht hat, gibt es nicht mehr. Ich BIN zu mir SELBST erwacht.

Da ist keine Persönlichkeit, nur reines SEIN. Nicht mein Verstand bestimmt mein Leben, sondern das Bewusstsein, das ICH BIN. Ich lebe von nun an bewusst in der "Geistes-Gegenwart" - im allumfassenden Bewusstsein. In heiterer Gelassenheit spiele ich das SPIEL des LEBENS.

Wenn ich zu jemandem spreche, erkenne ich die Wirklichkeit seines wahren SEINS. Ich spreche den an, der er wirklich IST. Ich erinnere ihn und erhebe ihn damit zu sich SELBST.

Ich lasse alles Unwesentliche los und mein Leben wird so immer wesentlicher. Ich trete ganz bewusst und dankbar durch die "Tür des

Augenblicks" in die Wirklichkeit meines wahren SEINS ein. Und ich erlebe ganz bewusst die eigene, natürliche Vollkommenheit bei ALLEM, was ich gerade tue. Damit trete ich in ein ganz neues, zauberhaftes Leben ein. Mein Körper, mein ganzes Leben ist ein perfekter Ausdruck der Vollkommenheit des SEINS.

DER WEG DES GLÜCKS

Was ist Glück?

Wenn wir uns mit dem Glück befassen, stellt sich zuerst die Frage: Was ist Glück? Wir alle meinen, es zu kennen, aber kennen wir es wirklich? Was ist Glück? Können mich Umstände wirklich glücklich MACHEN?

Jeder WILL glücklich sein, doch keiner weiß, was Glück ist. Man vermutet, dass es Glück sei, wenn man sich über etwas freut, wenn man etwas gewinnt, wenn man etwas erreicht. Doch ist es vielmehr nicht nur ein Zustand, der uns glücklich macht? Wir nennen dieses Gefühl vielleicht glücklich sein, doch ist das Glück? **Wahres Glück ist etwas Unvergängliches.** Warum sind wir dann einmal glücklich und einmal nicht? Müssten wir nicht immer glücklich sein, wenn wir wirklich jemals glücklich gewesen wären?

Es stellt sich die Frage, WEN ich glücklich machen will. Mein persönliches ICH, das immer nur kurzfristig und vorübergehend glücklich sein kann? ODER will ich dem wahren Glück, dem SELBST begegnen? Das sind zwei ganz verschiedene Wege, die ich nicht gleichzeitig gehen kann - obwohl ... erst der WEG der persönlichen Erfahrungen führt mich ins SELBST. ***Einen anderen Weg gibt es nicht. Nur dieser eine Weg über das Menschsein lässt uns dort ankommen, wo wir bereits sind, also muss ich mich entscheiden.***

Wenn ich mich dafür entscheide, "mich" glücklich zu machen, stellt sich die Frage: "Wer bin ich"? Zu wem sage ich "ICH"? Ich kann ja EIGENTLICH nur zu dem "ICH" sagen, der "ich" WIRKLICH bin! **Ich sage aber zu allem "ICH", was irgendwie mit dem zu tun hat, was ich zu SEIN glaube.** Bin ich nun der Körper, die Persönlichkeit, der Verstand, meine Gefühle, mein Ego - oder bin ich etwas ganz anderes? Ich kann nun endlich erkennen, dass ich all das HABE, aber dass ich das nicht BIN. Ich erkenne mich als bewusstes SEIN, als reine Existenz, als das ICH BIN. Ich war immer und werde immer sein, denn ICH BIN.

Als bewusstes SEIN kann ich auch nicht krank werden oder altern. Ich brauche nichts, um glücklich zu sein, denn ich bin GLÜCK. Das Leben zu leben ist Grund genug, glücklich zu sein. Alles, was geschieht, ist ein zusätzliches Geschenk. Und alles ist "gleich-gültig". Nicht EGAL, sondern von GLEICHER GÜLTIGKEIT.

Alles ist eine interessante Erfahrung, ein Teil des faszinierenden Abenteuers Leben. Ob ich nun die Erfahrung mache, arm zu sein oder reich, krank oder gesund, ob ich Erfolg habe oder auch nicht - ALLES ist eine faszinierende Erfahrung, WENN ich als Bewusstsein lebe. Plötzlich ist JEDER Augenblick ein Geschenk, und ich bin dankbar für das Privileg zu leben. Dann erkenne ich, dass ich NICHTS brauche, um glücklich zu sein. Ich erkenne, dass es nichts gibt, was glücklich macht. GLÜCKLICH SEIN ist ein Bewusstseinszustand, eine bestimmte Haltung, eine Einstellung zum “Geschenk des Lebens”. Sobald ich erwacht bin, “zu Bewusstsein” gekommen bin, erlebe ich JEDEN Augenblick als etwas ganz Einmaliges. DIESER Augenblick ist NUR JETZT - und jetzt ist er schon wieder vorbei und kommt nie mehr wieder.

Es erscheint uns nur so, als ob der Moment vergänglich wäre, doch es ist nur die Welt, die an uns vorbeizieht, ohne dass sich irgendetwas

verändert oder bewegt. Es ist und bleibt immer nur JETZT. Jeder Augenblick, den wir als neu empfinden, ist EINMALIG. Bleiben wir in der Wahrnehmung des JETZT, ändert sich nichts und ein Augenblick wird sich nicht vom anderen unterscheiden. Als Mensch ergibt sich für mich in jedem Augenblick eine neue und einmalige Chance, auch wenn das BEWUSSTSEIN unveränderlich bleibt. So kann ich das Leben als eine unendliche Reihe von erfüllenden und erfüllten Augenblicken erkennen. Ich brauche nichts mehr, denn ich BIN alles. Glück ist kein Zufall. Auch Glück hat eine Ursache, und wenn man es ganz bewusst "verursacht", hat man das Glück "abonniert". Und man kann dieses "Talent zum Glücklichsein" entwickeln, denn es ist der Weg zu uns SELBST.

Nur wer das Leben mit all seinen Erfahrungen erfüllt, wird sich als Bewusstsein erfahren.

Glück hat viele Aspekte. Glück ist BEWUSSTSEIN und kann sich für uns - auf der Ebene der Illusion, die wir Realität nennen - sehr vielfältig darstellen. Für uns ist Gesundheit Glück. Für uns bedeutet Freundschaft Glück. Für uns ist eine Beziehung Glück. Auch Erfolg und Wohlstand können uns ganz schön glücklich machen, bevor wir dem wirklichen Glück begegnen.

Manch einer sagt jetzt vielleicht: "Wenn nur Bewusstsein Glück ist, dann kann doch Erfolg kein wahres Glück sein?" Das stimmt durchaus. Doch wie wollen Sie wahres Glück erkennen? Erst wenn Sie das scheinbare Glück all der anderen Dinge erlebt haben, werden Sie beim richtigen Glück landen. Wie wollen Sie sagen, welches Eis Ihnen am besten schmeckt, wenn Sie nicht einige Sorten ausprobiert haben? Einige davon werden Ihnen weniger schmecken als andere. Sind Sie deshalb schlecht? Es bedarf also der Erfahrung des persönlichen Glücks,

das nur scheinbar ist, bevor wir in das wirkliche Glück eintreten können.

Achtung: Stolpersteine auf dem Weg des Glücks – Sorgen!

Nichts kommt von SELBST, selbst DUMMHEITEN müssen wir erst machen. Was unser Glück besonders stark trübt, sind Sorgen. Aber wie die "Weisheit der Sprache" schon sagt, wir MACHEN uns Sorgen. MACHEN Sie sich auch Ihre Wohnung kaputt, BEREITEN Sie sich auch verdorbenes Essen zu - oder lassen Sie das lieber sein? Und wie steht es darum, wenn Sie sich SORGEN machen oder Ihnen etwas MÜHE bereitet? Ist es die Sache selbst oder nicht eher Ihre Einstellung dazu? Nur wer seine Sichtweise überdenkt und ändert, wird sich der Sorge entziehen.

Sorgen sind also nicht einfach da, die müssen wir uns schon *machen* - und DANN *haben* wir sie auch. Wir stellen uns vor, was alles passieren könnte, verbinden diese Vorstellung mit einem starken Gefühl der Angst, der Sorge und Hilflosigkeit. Somit haben wir alles getan, um genau die Katastrophe zu erleben, die wir nicht wollten. **Nur Befürchtungen treffen ein, denn trifft etwas ein, das man nicht fürchtet, dann stört man sich auch nicht daran. Also ist gar nichts passiert, wenn man die Erfahrung nicht fürchtet.** Wer sich vor etwas fürchtet, macht sich natürlich dafür resonanzfähig - und die real gewordene Befürchtung wird auch nicht lange auf sich warten lassen. Und dann sagt man: "Ich habe ja gewusst, dass es so kommen wird." Man müsste eigentlich sagen: "Nun ist das, was ich verursacht habe, auch eingetroffen." Muss es ja. Ich habe es ja in meinem Geist erschaffen, es sozusagen zum Leben erweckt. Waren die Sorge und die Befürchtung nicht stark genug und die gefürchtete Katastrophe trifft nicht ein, dann haben wir ganz umsonst schlaflose Nächte gehabt. Sorgen haben ihre Wirkung, und sie hinterlassen Spuren.

Die Sorge hat aber auch noch einen ganz anderen Aspekt. Wir sorgen uns, weil wir glauben, etwas tun oder ändern zu müssen. Aber ist das auch so, dass wir tatsächlich Einfluss darauf haben? Wenn das Leben so kommt, wie es kommt, was nutzt mir dann die Sorge? Ich kann doch bis zu dem Zeitpunkt, an dem etwas eintrifft, glücklich sein und mir dann immer noch Sorgen machen, wenn ich das unbedingt will.

Sorgen verderben uns die Laune, belasten die Nerven, nehmen uns den Appetit, rauben uns den Schlaf und machen uns vor allem alt, krank und unansehnlich. Wir sammeln all unsere Sorgen in unserem "Rucksack der Vergangenheit", und jeder trägt so seine schwere Last spazieren. Die meisten Menschen schleppen ein Leben lang eine schwere Vergangenheit mit sich herum. Dabei ist das, was wir als Vergangenheit bezeichnen, sowieso vorbei und kommt NIE mehr wieder. Wir sollten sie einfach nur loslassen. Sie ist jetzt vorbei, wenn wir sie nicht wieder zum Leben erwecken. Das Leben findet, wie bereits gesagt, immer NUR JETZT statt. Also machen Sie es sich leicht. Ziehen Sie Ihren Rucksack der Vergangenheit aus, stellen Sie ihn irgendwo hin und gehen Sie leicht und frei durch ein sorgenfreies Leben. Sorgen sind bestenfalls dafür da, dass man sich keine Sorgen darum machen muss. Und wenn Sie sich nicht weiter darum kümmern, dann gibt es sie auch genau in diesem Moment nicht mehr. Sie sind zwar nicht verschwunden, ihnen wurde aber der Nährboden entzogen.

Sorgen sollte man nicht beleben, sondern »entleben«.

Gehen Sie, wie es der große Mystiker Meister Eckhart bereits gesagt hat, “ledigen Gemütes” durch Ihr Leben und entledigen Sie sich Ihrer Vergangenheit. Seien Sie glücklich, dass Sie die “Last der Vergangenheit” endlich los sind. Aber es genügt nicht, das zu wissen, man sollte es auch TUN.

Es sind nur drei Energien, die Leid verursachen und Sorgen entstehen lassen können: **etwas abzulehnen, etwas haben zu WOLLEN und über etwas zornig zu sein.**

Wo Leid ist, ist immer ein persönliches “Ich”, das Leid empfindet. Und so ist jedes Leid eine Botschaft des Lebens, dass ich noch in der Ich-Identifikation feststecke. Es ist also eine Aufforderung, diese Aufgabe zu lösen. Eine Aufforderung, sie als “Chance zum Besseren” zu sehen und das SORGLOSE in der SORGE zu entdecken. Zum Glück können wir ALLES JEDERZEIT ändern, wenn wir den Bezug dazu ändern und unsere Sichtweise darüber erweitern. Und so wird ALLES immer nur eine "Chance zum Besseren" sein. Sie können noch viele Jahre oder einige Inkarnationen darauf warten - ODER aber Sie treten JETZT, IN DIESEM AUGENBLICK, in das faszinierende "Abenteuer Leben" ein und erwachen zu dem, was Sie SIND!

Und was laden Sie in Ihr Leben ein?

Wenn wir etwas in unser Leben "einladen", dann setzen wir Kräfte frei. Diese "Tätigkeit" kennen wir nicht, da wir uns ihrer nicht bewusst sind. Es ist auch gar nicht notwendig, darum zu wissen, denn wenn wir das Licht einschalten, sind wir uns dieses Vorgangs ja auch nicht bewusst. Wir sind uns nicht gewahr, wie der Strom erzeugt wurde, und interessieren uns auch nicht weiter dafür! Das Licht brennt ja und das ist das Eigentliche, was wir beabsichtigt haben. Wenn es hell wird und der Schalter funktioniert, kümmert uns auch nicht weiter, wer die Leitungen verlegt hat oder ob die Lampe und die Sicherung in Ordnung sind. Wir schalten einfach den Schalter ein und es wird hell.

Wann immer wir eine negative Emotion spüren, sollten wir unsere Aufmerksamkeit SOFORT abziehen und sie auf etwas richten, das eine positive Emotion hervorruft, damit wir nicht etwas "in Erscheinung" rufen, was wir gar nicht haben wollen oder gar befürchten. JEDE negative Emotion ist eine Botschaft, dass das, worauf wir gerade unsere Aufmerksamkeit richten, nicht mit unserer Lebensabsicht übereinstimmt. NICHTS kann in unserem Leben "in Erscheinung" treten, wenn wir dem keine Aufmerksamkeit gegeben haben. Ob bewusst oder unbewusst, spielt hier keine Rolle. Auch wenn wir etwas NICHT erleben wollen, geben wir ihm damit Aufmerksamkeit, noch dazu verbunden mit einem starken Gefühl der Ablehnung, und wir laden es so in unser Leben ein.

Es tritt "in Erscheinung", weil es das nach dem Resonanzprinzip muss. **Wenn wir etwas befürchten und uns Sorgen machen oder uns ärgern, richten wir unsere Aufmerksamkeit auf etwas, was wir gar nicht wollen, laden es damit aber ein, ein Teil unseres Lebens zu werden.**

Aber auch wenn wir etwas "bestellt" haben, das wir gerne in unserem Leben haben möchten, das aber nicht gleich "in Erscheinung" tritt, dann richten wir unsere Aufmerksamkeit darauf, dass es nicht da ist - und bestellen es so wieder ab. Wenn wir etwas scheinbar ständig hinterherjagen und den Fokus konstant auf den Mangel richten, also auf das, was nicht da ist oder was uns fehlt, dann kommt es auch nicht mehr. Richten wir die Aufmerksamkeit auf das, was ist, schaffen wir damit noch mehr von dem, was ist. Wenn wir uns arm fühlen, schaffen wir damit mehr Armut, wenn wir uns dick fühlen, verstärken wir das Dicksein, wenn wir uns krank fühlen, verstärken wir damit die Krankheit etc. Das gilt aber ebenso im positiven Sinne. Wenn wir uns erfolgreich fühlen, werden wir erfolgreicher, und wenn wir zielgerichtet und freudig durch das Leben gehen, dann kann uns nichts und niemand mehr stoppen. Wir sind im Fluss! Wenn wir uns wohlhabend fühlen, werden wir dadurch wohlhabender sein. Sie sehen: Wir bekommen vom Leben immer nur das, was wir "wirklich" wollen - oder besser gesagt, was als Erfahrung gedacht ist. Es kann sich nur das einstellen, was uns entspricht, alles andere ruht. Doch die Ausrichtung unserer Aufmerksamkeit ist etwas sehr Wichtiges. Es ist die Basis für Lebensgestaltung. Je stärker die begleitenden Emotionen sind und je dauerhafter wir in dieser Ausrichtung verweilen bzw. sie wiederholen, umso schneller und zuverlässiger wird "es" auch in Erscheinung treten.

Wir bekommen also immer das vom Leben geschenkt, was unserer derzeitigen Schwingung entspricht.

Ob wir es nun wünschen oder nicht, unsere Lebensumstände sind immer nur ein Spiegelbild unseres SOSEINS. Entscheidend ist, auf was unser "Auswahlempfänger" eingestellt ist. Wie bei einem Fernsehprogramm kann nur das gewählte Programm empfangen werden, obwohl ALLE anderen Programme ebenso real vorhanden sind und JEDERZEIT angewählt werden können. Wir können nicht verhindern, unsere Realität zu wählen, und JEDER macht das STÄNDIG. Wir haben aber die Wahl, WELCHE Realität wir "in Erscheinung" rufen, und wir wählen mit dem Ausrichten unserer Aufmerksamkeit, denn worauf wir unsere Aufmerksamkeit richten, dorthin fließt unsere Schöpferkraft.

Mit dem Loslassen beginnt das Glück

Auch seinen Wunschtraum zu verwirklichen und zu tun, was man schon immer tun wollte, kann uns glücklich machen. Es sind viele Dinge, die uns ein Wohlgefühl bescheren, doch wahres Glück beginnt beim LOSLASSEN. Loslassen macht glücklich, weil man immer leichter durchs Leben geht und sich mehr und mehr seinem SELBST annähert. Man gibt ab, was nicht mehr zu einem gehört, und je weniger Bindungen man sich schafft, umso freier ist man. Und je freier man ist, umso bewusster ist man. **Wer meint, dass man das Leben nicht genießen dürfe und als bewusster Mensch Verzicht üben müsse, der hat sich getäuscht.** *Wahre Spiritualität bedeutet, das Leben zu genießen!* Es bedeutet, das, was sich ergibt, in vollen Zügen genießen zu können. Es ist ein Unterschied, ob Sie etwas erzwingen und sich dann darin in Genuss üben - oder ob Sie einfach nur das genießen, was das Leben Ihnen schenkt. Wenn Sie dann auch noch in der glücklichen Lage sind, es zu genießen, ohne es dabei festhalten zu wollen, dann leben Sie sehr bewusst. Mit "heiterer Gelassenheit" durchs Leben zu gehen, ist etwas, das "zelebriert" wird. Dies ist aber keine Übung, sondern eine Haltung, eine Einstellung und eine Form von Bewusstsein. Zum Glück gehört auch, seine Lebensabsicht zu erkennen und zu verwirklichen, denn nur so kann ich ein glückliches und erfülltes Leben leben. Dann kann ich meiner wahren Berufung folgen und die Chancen erkennen und nutzen, die das Leben STÄNDIG bietet. Man lernt die Fähigkeit, sein Glück zu genießen, indem man damit beginnt, sein Leben so zu nehmen, wie es ist. **Nach und nach ALLES loszulassen, was einem das Leben scheinbar "schwer" macht, ist der Weg ins SELBST.** Wer sich in den Dingen aufhält, die er nicht "mag", die er ablehnt und die ihm widerstreben, der ist selber schuld. Wer sagt Ihnen denn, dass

Sie sich mit dem beschäftigen müssen, was Sie stört?

Wenn Menschen etwas stört, reagieren sie meist gleich. Abgesehen davon, dass es nur ihre persönliche Wahrnehmung ist, die mit der Sache selbst gar nichts zu tun hat, scheint die Reaktion vorprogrammiert. Man jammert und spricht darüber und denkt ständig darüber nach. Einmal sagte eine Frau zu mir: “Mein Mann will mich nicht loslassen!” Nachdem sie eine volle Stunde nur über ihn gesprochen hatte, fragte ich sie: “Und wann lassen Sie ihn los?” Sie sehen also: Wer sich emotional, gedanklich oder in Worten ständig in einem Thema aufhält, muss sich nicht wundern, dass es andauernd präsent ist und sich auch noch verstärkt. Wie soll es denn weichen oder aus dem Leben gehen, wenn Sie ständig darin verwickelt sind? Wenn das Thema, das Sie eigentlich stört, zum täglichen Aufenthaltsraum wird, sollten Sie ihn schleunigst verlassen. Dieses Verlassen nennt man: LOSLASSEN. Wenn Ihnen ein Buch nicht gefällt, was tun Sie dann? Lesen Sie täglich darin oder legen Sie es beiseite? Machen Sie es in Ihrem Leben ebenso und denken Sie immer an dieses Bild, es könnte Ihnen dabei helfen LOSZULASSEN, was schon längst nicht mehr zu Ihnen gehört. Sich immer wieder der Wahrheit zu stellen, das Leben zu erforschen und den Weg nach INNEN zu wählen, das erfordert MUT. Das Leben sollte rund um die Uhr in Frage gestellt und als das erkannt werden, was es ist, um nicht in Meinungen, Vermutungen und scheinbaren Gegebenheiten stecken zu bleiben. Dabei kann man gar nicht vermeiden, sich mehr und mehr dem Glück anzunähern. Statistisch gesehen sind Millionäre nicht glücklicher als Obdachlose, und Kranke sind genauso oft glücklich wie Gesunde. Der wesentliche Unterschied besteht darin, wie man seine Situation bewertet und damit umgeht. **Wenn man weiß, dass in allem Gott ist, dürfen dann die Umstände oder Gegebenheiten nicht** so sein, wie sie uns erscheinen? Selbst die scheinbar "widrigsten" Umstände lassen sich als Chance zum Besseren "begreifen", wenn man nur den Mut fasst, etwas GENAUER hinzusehen. Eine oberflächliche Betrachtungsweise wird dem nichts GUTES abgewinnen können, das ist klar. Doch ist es nicht an der Zeit, etwas tiefsinniger zu werden und sich um das Eigentliche im Leben zu kümmern? NÄMLICH es zu ergründen, zu erforschen und es ganz neu für sich zu entdecken.

Stellen Sie sich vor, Sie bekommen von jemandem ein Buch geschenkt. Sie blättern es erst gar nicht durch und stellen es ins Regal. Ein halbes Jahr später wollen Sie darin lesen und entdecken, dass das Buch gar keine Seiten hat. Sie entdecken, dass sich im Buch eine Schatulle befindet, in der Sie Wertsachen verstecken oder Ihren Schmuck aufbewahren können. Und so ist es mit dem Leben: Die Dinge sind NIEMALS so, wie sie scheinen. DIE DINGE KÖNNEN

NICHT IHRE ERSCHEINUNG SEIN, genauso wie ein Spiegelbild nicht der Spiegel selbst sein kann. Fassen Sie Mut und beginnen Sie, hinter die Fassaden des Lebens zu sehen. Sie werden erstaunt sein, wie viel WAHRES Glück Sie dahinter entdecken können.

Wenn Sie Ihre Aufmerksamkeit immer wieder ganz bewusst auf Dinge richten, in denen oder mit denen Sie sich wohlfühlen, dann macht Ihr Unterbewusstsein nach einigen Wiederholungen daraus eine GEWOHNHEIT und fängt damit an, sich ganz AUTOMATISCH nach schönen Dingen auszurichten. Wer seine Aufmerksamkeit bisher immer nur auf scheinbare Probleme gerichtet hat, der wird das zu schätzen wissen. Wer aber noch einen Schritt weiter geht und die Aufmerksamkeit ganz nach INNEN lenkt, der wird so viel Schönheit entdecken, die fast unglaublich ist. Und wenn sich diese Schönheit dann auch noch in Ihrem Leben spiegelt, sich manifestiert und vervielfältigt, dann kann dieses Glück mit Worten gar nicht mehr umschrieben werden. Wenn Sie als SELBST durchs Leben gehen, dann streben Sie Glück nicht mehr an, weil Sie GLÜCK SIND. Und weil Sie dem Glück nicht mehr hinterherjagen, wird es Ihnen hinterherrennen. Es kann ja nicht anders, als Sie zu spiegeln. Es ist Ihre Entsprechung, es entspricht Ihrem SOSEIN. Aber auch das wird Sie nicht mehr kümmern, weil Sie irdische Umstände zwar genießen, doch Sie jubeln nicht auf oder ärgern sich nicht. Sie erfahren das, was ist, mit heiterer Gelassenheit. Und was soll Ihnen als Glück anderes widerfahren?

Einfach nur hier sein

Um bestimmte Erfahrungen zu machen, schafft sich das Bewusstsein eine Persönlichkeit mit bestimmten Eigenschaften und Fähigkeiten, die sich als ein “Ich” erlebt. Sehr oft identifiziert sich das Bewusstsein mit seinem “Erfahrungsinstrument” und glaubt dann, ein “ICH” mit all seinen Begrenzungen zu sein. Dann versucht es, die begrenzte Sicht seiner Lebensabsicht durch das “ICH” zu verwirklichen, und verliert seine eigentliche Absicht aus den Augen. Ich sollte mich daher entscheiden, ob ich mein “Ich” glücklich machen will oder ob ich mich als SELBST erfahren möchte.

Möchte ich weiterhin herumtrödeln, blind und taub durchs Leben stolpern? Oder will ich achtsamer sein und damit beginnen, mich SELBST zu entdecken? Die Macht, die Lebensumstände frei zu bestimmen, liegt NUR im JETZT! Es ist daher wichtig, die Vergangenheit loszulassen, sie einfach vergangen sein zu lassen - und sich keine Sorgen über die “Zukunft” zu machen. Denn nur im JETZT kann frei bestimmt werden, da das Leben genau JETZT stattfindet. Im Jetzt ist alles möglich.

Erzeuge ich also durch meine Gedanken Vergangenheit und Zukunft, die ohnehin nur in meinem Kopf existieren, oder bin ich vollumfänglich anwesend?

Wenn ich nachdenke, kann ich nicht hier sein, denn dann bin ich MIR fern.

Wenn ich mir Sorgen mache, dann sorge ich mich IMMER nur über das Morgen oder das Gestern. Über das JETZT kann ich mir gar keine Sorgen machen, denn es ist JETZT schon wieder vorbei. Und schon ergibt sich wieder ein neues JETZT, das immer nur sorglos sein kann, wenn es nicht mit Gedanken belebt wird. Gedanken können nicht im JETZT sein, Gedanken sind dort, wo der Mensch ist. Der Mensch lebt in der Illusion der Zeit, aber das BEWUSSTSEIN ist einfach nur hier. Das Bewusstsein - oder die Seele - ist nicht im Menschen, sondern strahlt *durch* ihn.

Das Bewusstsein ist unveränderlich gleich und verändert weder Position noch Lage.

Doch was nutzt uns dieses Wissen, wenn wir in diesem Menschsein doch so stark verankert sind? Wir können uns nur langsam und Schritt für Schritt der Wahrheit nähern und sie IN UNS entdecken. Es genügt, dass Sie Ihr Bewusstsein auf den Moment ausrichten und JETZT und HIER anwesend sind. Bis Sie das aber wirklich tun können und es auch unbewusst tun, das heißt, dass es ganz von alleine geschieht und zu einem natürlichen Prozess wird, gibt es ein paar Möglichkeiten, um sich dem schon einmal anzunähern. Bewusstes Tun trägt ja wieder eine Absicht in sich und nur BEWUSSTSEIN ist ABSICHTSLOS. Absichtsloses SEIN ist der ursprüngliche Zustand, zu dem wir uns "zurückentwickeln". Dieses Rückentwickeln passiert über Ego, Verstand, Gefühle und Körper.

Und es geschieht über Übungen, Denken, Fühlen, Absicht, Wollen, Zorn, Angst, Freude und Leid. Also ist es durchaus okay, dies alles zu nutzen, zu empfinden und zu haben, denn der Weg zu uns SELBST führt über die Illusion in die Realität. Also ist es auch notwendig, die illusionären Gegebenheiten zu nutzen. Denn wie sonst sollten wir die Göttlichkeit in uns entdecken? Genau dafür haben wir ja den Körper bekommen und sind nun der Mensch mit all seinen Sinnen, der die Fähigkeit besitzt, zu sich selbst zu erwachen. So muss man also Techniken und Hilfestellungen nicht einfach belächeln und sagen, dass uns das nicht hilft. Nun gut, es ist nicht die "Hilfe", die uns direkt zu Gott führt, aber es ist der indirekte Weg, der uns näher kommen lässt. Man könnte auch sagen: Man braucht zum Wandern keine Stöcke. Das stimmt! **Brauchen tut man sie nicht, wenn man damit aber schneller und mit weniger Mühe vorwärtskommt, warum sollte man sie dann nicht nutzen?**

Viele Menschen sagen, wenn man ja BEWUSSTSEIN und bereits vollkommen ist und in diesem Sinne nichts mehr TUN "muss", wozu dann Übungen machen? Das ist durchaus kein Widerspruch, denn nichts zu TUN, bedeutet nicht, NICHT ZU HANDELN, sondern die innere Einstellung des Nichtstuns zu übernehmen. Und erst wenn wir uns unseres SELBST bewusst geworden sind, werden wir begreifen, was damit gemeint ist. Doch solange wir der Welt noch als Persönlichkeit begegnen, können alle "Hilfsmittel" genutzt werden. Wären Sie sonst hier? Ist der Mensch erwacht, dann fällt das alles weg und wird auch nicht mehr genutzt. Man muss sich aber nicht schämen, wenn man meditiert oder Techniken ausübt, denn der Weg nach innen ist ein Sichherantasten. Wenn man die Einzelheiten nicht überbewertet und das nutzt, was sich einem in den Weg stellt, das befolgt, was sich einem anbietet, und das ausübt, was einem innerlich zusagt, dann ist das auch okay. In einer Höhle zu sitzen und nichts zu tun, sei den Menschen gegönnt, die in diese Situation hineingeboren sind. Wir, die wir hier leben, können ALLE Annehmlichkeiten des Lebens nutzen.

Ja, wir sollen sie sogar genießen und uns an den Dingen des Lebens erfreuen.

Doch mit einer Voraussetzung: keine Bindungen an irgendetwas zu entwickeln. Der, der immer frei ist und an nichts festhält oder anhaftet, der ist wirklich frei. Warum also nicht die Annehmlichkeiten des Lebens genießen? Wir können sie ja nur genießen, wenn sie hier sind. Wenn sie nicht mehr hier sind, dann genießen wir das, was da ist, ohne dem anderen nachzutrauern. Und das ist der Schlüssel zum Glück.

Schritte zum Glück – eine Kurzanleitung

- *Es gibt keine Dinge oder Umstände, die glücklich machen.* Mein Glück ist also nicht von äußeren Ereignissen abhängig, sondern ein innerer Zustand. Glück ist das, was wir sind. Um das Glück auch zu erkennen, ist es notwendig, das Leid zu durchschauen. Was ist Leid? Haben Sie sich das schon einmal gefragt? Ist es etwas, das wirklich existiert? Kann das, was wir Leid nennen, etwas dafür, wenn wir es nicht annehmen können?

- *Zum Glück gehört, dass Sie wirklich DIE HAUPTROLLE in IHREM Leben spielen und Sie dabei Ihren Lebenstraum verwirklichen.* Fangen Sie an, Ihre Zukunft nach IHREN inneren Bedürfnissen und Herzenswünschen zu gestalten, und gehen Sie in JEDEM Augenblick den "Weg der Freude".

- ***Zum Glücklichsein gehört auch, das zu tun, was Sie immer schon tun wollten.*** Ihr eigentliches Leben auf morgen, später oder auf das nächste Jahr zu verschieben, ist nicht gerade mutig, denn GLÜCK existiert immer NUR JETZT! Sie können das "Drehbuch Ihres Lebens" JEDERZEIT ändern, indem Sie beginnen, aus dem Selbst zu leben. Es sind das persönliche ICH und die Vorstellung darüber, die Ihnen im Weg stehen. Ansichten und Meinungen hindern am Glück, denn sie sind dort zu Hause, wo Glück nicht ist. Glück ruht still in sich, denn das GLÜCK ist das SELBST.

- ***Zum Glück gehört auch, Arbeit nicht als MUSS anzusehen, sondern einer Tätigkeit nachgehen, bei der Sie gar keinen Urlaub mehr brauchen.*** Dies kann alles sein. Wenn Ihr Wirken zum Urlaub wird, dann tun Sie das "Richtige". Richtig und Falsch existieren nur als Empfindung, denn alles, was in

Ihr Leben kommt, ist Ihre AUFGABE, der Sie sich FREUDVOLL stellen dürfen. Was auch immer es ist, tun Sie es mit Freude und Hingabe, denn wer sagt denn, dass es nicht notwendig und hilfreich ist, wenn es durch Sie getan werden soll? Wenn Ihnen etwas gegen den Strich geht, dann beginnt das Leid. Wenn Sie sich weigern, etwas zu tun, was Ihnen nicht passt, dann ist das nicht die Lösung. Es mit Hingabe zu tun, das ist die Lösung. Wäre es denn hier, wenn es nicht so sein sollte? Das zu erkennen ist Glück. Man muss schon etwas genauer hinsehen, um das zu erkennen. Ihr persönliches ICH wird es nicht sehen - oder sich zumindest weigern, es sehen zu wollen. Nur Ihr SELBST wird es erkennen, und das ist wahres Glück.

Glücklich macht, wenn ich MEIN Leben wirklich lebe. Also sollte ich mir einmal ganz bewusst MEIN ideales Leben bewusst machen. Dabei sollte ich mich aber auch fragen: "Ist das das Ideal meines ICH oder das von mir SELBST? Wenn ich mir mein ideales Leben, meine Vision, bewusst gemacht habe, erkenne ich, dass da einiges ist, was nicht zu dieser Vision gehört. Also gehört zum GLÜCKLICHSEIN, ALLES loszulassen, was nicht zu meinem Glück beiträgt.

JEDER Augenblick lädt Sie ein, der zu sein, der Sie SIND. ALLES, was Sie werden wollen, das SIND Sie bereits. Von einem Augenblick zum anderen können Sie vom Leben ALLES haben und JEDES Spiel gewinnen. Es bedarf nur der Entdeckung der wahren Identität - und dafür müssen Sie nicht einmal etwas tun. In diese "Gottesunmittelbarkeit" Ihres wahren Wesens treten Sie ein, indem Sie es einfach geschehen lassen.

Für JEDEN sieht Glück anders aus. Also sollte ich einmal exakt definieren, was FÜR

MICH Glück eigentlich bedeutet. Mein Glück ist zu einem großen Teil davon abhängig, worauf ich mein Bewusstsein richte und gerichtet halte. Auf Probleme, Leid, Schwierigkeiten und Krankheit? Oder auf Möglichkeiten und Chancen zum Besseren?

Ich bin mit einer bestimmten Lebensabsicht gekommen. Glücklich werden KANN ich nur, wenn ich die erkenne und erfülle. Nur so kann ich ein ERFÜLLENDES Leben leben. Ein erfülltes Leben hat nicht unbedingt mit Gütern und schönen Dingen zu tun. Erfüllt ist man immer nur INNEN. Das schließt aber nicht aus, dass ich die Annehmlichkeiten des Lebens nutzen kann. Solange ich keine Bindung an Gegenstände oder Menschen entwickle, kann ich alles in vollen Zügen genießen.

Zum Glücklichsein gehört, dass ich mein Leben (als) SELBST bestimme. Als Opfer kann ich nicht glücklich sein. Also sollte ich den Schritt der Bewusstwerdung vom Opfer zum Schöpfer aller meiner Lebensumstände tun.

- ***Zum Glück gehört auch, dass Sie wirklich DIE HAUPTROLLE in IHREM Leben spielen und Sie dabei Ihren Lebenstraum verwirklichen.*** Fangen Sie an, Ihre Zukunft nach IHREN Wünschen zu gestalten, und gehen Sie in JEDEM Augenblick den "Weg der Freude".

- ***Zum Glücklichsein gehört unverzichtbar Gesundheit.*** Wenn Sie alles haben, aber krank sind und Schmerzen haben, wird sich Ihr Glück in engen Grenzen halten. Geben Sie Ihrem Körper nicht nur das, was Ihnen schmeckt und ungesund ist, sondern das, was er braucht. Der Körper wird Ihnen die Zufuhr von gesunder, unbehandelter und frischer Kost sowie das Geschenk ausreichender Bewegung danken.

- ***Zum Glück gehört auch, sich den idealen Tagesablauf zu schaffen.*** Als höchstes Bewusstsein aufzuwachen und einzuschlafen und wirklich die Hauptrolle in SEINEM täglichen Leben zu spielen, das ist der optimale Verlauf.

- ***Das GLÜCK ruht in sich. Jeder einzelne Gedanke ist Bewegung und kehrt zu Ihnen als Ereignis oder als Umstand zurück.*** Also denken Sie "Glück bringende" Gedanken und verwandeln, ja verzaubern Sie so Ihr ganzes Leben. Das NACHDENKEN können Sie getrost sein lassen, denn das trennt Sie unweigerlich vom Glück.

- ***"Heitere Gelassenheit" in JEDER Lebenssituation ist ein wichtiger Schritt auf dem Weg zum Glück.*** Es gibt keine "aussichtslosen Situationen", es gibt nur aussichtslose Sichtweisen.

- ***Glück ist die Kunst, sich am Alltäglichen zu erfreuen.*** Sie können das faszinierendste Leben haben und die günstigsten Umstände erleben, wenn Sie sich nicht daran erfreuen, war alles vergeblich. Machen Sie aus ALLEM ein erfüllendes Abenteuer, und plötzlich gehen Sie, wie “Alice im Wunderland”, durch ein ganz neues, faszinierendes Leben. Das Geheimnis ist, SIE haben sich geändert – und damit wird sich auch Ihr ganzes Leben wandeln.

- ***Glück können Sie NUR in diesem Augenblick finden.*** Wenn Sie es hier nicht finden, brauchen Sie woanders gar nicht erst zu suchen.

- ***Glück ist zu entdecken, dass es so etwas wie Vergangenheit und Zukunft nicht gibt.*** Es gibt nur das JETZT, das im Leben als eine Aneinanderreihung von Augenblicken wahrgenommen wird. Vergangenheit entsteht im Kopf, Zukunft auch. Wenn Sie über gar nichts nachdenken und dann auch noch die Augen schließen, wo ist denn dann die Vergangenheit?

- *Es gibt keine Dinge oder Umstände, die glücklich machen.* Mein Glück ist also nicht abhängig von äußeren Ereignissen, sondern ein innerer Zustand.

- *Glück ist, das Leben tiefer zu erforschen und nicht an den Bildern und scheinbaren Dingen, die man über die Sinne wahrnehmen kann, hängen zu bleiben.* Hinterfragen Sie die Illusion, nur so können Sie zur Realität, zu sich SELBST, vordringen.

- *Glück ist auch, sein Glück genießen zu können.* Zelebrieren Sie Ihr Leben und machen Sie ein Kunstwerk daraus. Lernen Sie die Kunst, aus einem ganz normalen Alltag etwas ganz Besonderes zu machen.

- ***In Wirklichkeit ist es ein Glück zu leben.*** Alles, was geschieht, ist ein zusätzliches Geschenk. Wer das Glück hat zu leben, hat schon Glück genug.

- ***Und vergessen Sie nicht: Das Leben ist wie ein Spiel.*** In diesem Spiel geht es nicht darum zu gewinnen, sondern darum, den Weg zu genießen. Das Leben ist kein Leidensweg, sondern ein Weg der Freude, wenn man es so sehen will. Das Ego wehrt sich vielleicht dagegen, aber IHR SELBST kennt nichts anderes als Glück. Alles andere ist nur eine Spiegelung des Bewusstseins, jedoch nie die Realität. Wir tragen das Leben also in unseren Köpfen spazieren, und es kommt der Tag, an dem wir das alle bemerken und durchatmen werden. Dann begegnen wir unserem natürlichen Wesen. ENDLICH. ICH BIN NIEMALS VON MIR WEG GEWESEN, DENN ICH BIN IMMER NUR HIER.

DER WEG DER FREUDE

Das Leid wird der Freude weichen

Wenn etwas wert ist, überhaupt getan zu werden, dann ist es auch wert, gut getan zu werden. Gut kann es aber nur werden, wenn es mit Freude getan wird. Gehen Sie STÄNDIG den "Weg der Freude", das heißt, dass Sie ALLES, was Sie tun, mit Freude tun - und *alles* heißt wirklich *alles*. Am besten fangen Sie gleich damit an und tun das, was Sie gerade tun, freudvoll. Es geht nicht darum, es zu "erledigen" und es anschließend "geschafft" zu haben, um endlich am Ziel zu sein. Wenn Sie nur am Ziel ankommen wollen, dann können Sie das, was Sie dazu tun, um es zu erreichen, auch sein lassen.

Alles, was in Hingabe geschieht, wird fruchten, alles andere richtet sich nur gegen Sie. Es erschafft ungute Gefühle und wiederum diesen Widerstand, der Ihnen nicht nur im Magen liegen wird, sondern auch nichts Freudvolles beschert. **JEDES Tun bekommt durch das bewusste GENIESSEN erst seinen eigentlichen Wert.** Lassen Sie sich ganz auf das ein, was Sie tun, und tun Sie es so vollkommen, wie es Ihnen nur möglich ist. Dann erkennen Sie: Das Ziel ist gar nicht das Ziel, *die Vollkommenheit des Tuns ist das Ziel.* Dabei erkennen Sie, dass es keine "geringen" Tätigkeiten gibt. Sie können diese Erfüllung beim Staubwischen genauso erleben wie beim Einkaufen oder Telefonieren. Entscheidend ist nicht, WAS Sie tun, sondern die Art, WIE Sie es tun. Sie können die Vollkommenheit Ihres Tuns, unabhängig von dem, was Sie tun, STÄNDIG optimieren. Ob Sie gerade den Mülleimer runterbringen oder den Rasen mähen, die Vollkommenheit des Tuns verwandelt, ja verzaubert ALLES, was Sie tun.

Plötzlich erkennen Sie so, dass das Ziel ganz unwichtig ist. Und Sie erkennen, was der

Satz “Der Weg ist das Ziel!” bedeutet. Es geht immer NUR um den Weg, denn wenn Sie am Ziel sind, suchen Sie sich ja doch nur ein neues Ziel. Entscheidend ist, WIE und als WER Sie dieses Ziel erreichen, welche Qualität Ihr Tun hat und ob Sie dadurch zu Bewusstsein gekommen sind. Ihr Tun hat die Qualität, die SIE ihm geben. Sie können JEDERZEIT in diese Erfahrung der “Vollkommenheit des Tuns” eintreten, und von Mal zu Mal wird Ihr Tun immer vollkommener werden.

Sie erleben, dass Vollkommenheit kein Ziel ist, sondern der Weg dahin.

Es ist die Art und WEISE, wie Sie den WEG gehen. Vollkommenheit kann man nicht tun, aber man kann Vollkommenheit in seinem Tun erleben, indem man JEDEN Augenblick mit vollkommener Freude erfüllt. Und das in JEDEM Augenblick.

Mit dieser Erkenntnis bekommt das Leben einen ganz anderen Sinn. Vollkommenheit ist kein fernes Ziel mehr, sondern in JEDEM Augenblick erreichbar. Sie können SOFORT in die Vollkommenheit des JETZT eintreten und Ihr Tun heiligen durch die Präsenz Ihres SEINS und Ihrer Freude. **Erleben Sie sich als "liebevolle Präsenz des SEINS", als "Botschafter der Vollkommenheit", also mit der Aufgabe, diese Vollkommenheit ins JETZT zu bringen - in JEDES Jetzt!** Da ist kein Hindernis, nichts, auf das Sie warten müssten, nicht einmal eine Schwierigkeit. Sie müssen nichts lernen - nur damit anfangen - am besten JETZT!

Von einem Augenblick zum anderen treten Sie damit in ein ganz neues Leben ein.

Und SIE entscheiden, WANN dieses neue, zauberhafte Leben beginnt. Sie können sogar nur einmal “probeweise” eintreten, nur für ein paar Augenblicke, und erleben, wie der Zauber SOFORT beginnt. Aber wenn Sie das tun, wollen Sie NIE MEHR zurück in Ihr bisheriges Leben. Sie bedauern nur, dass Sie nicht schon viel früher damit begonnen haben! Aber seien Sie froh, dass Sie es JETZT entdeckt haben und dass Sie es nie mehr verlieren können - dieses Leben in der Vollkommenheit und Freude des JETZT!

Ein idealer, freudvoller Tagesablauf

Ein Leben ohne Leid ist möglich. Es sind nur einige wenige Dinge, die man sich immer wieder bewusst machen sollte. Dazu gehört auch der ideale Tagesablauf. Wenn Sie sich gewisse Fragen immer wieder stellen, SICH ständig erforschen und nach sich SELBST Ausschau halten, ist es diese Regelmäßigkeit, die eine Leichtigkeit in Ihr Leben bringen wird. **Auch** wenn das sogenannte scheinbare Leid nicht gleich verschwindet, wird es doch zunehmend leichter, es zu durchschauen und einen gewissen Abstand dazu einzunehmen. Je mehr man der Essenz des Leids auf die Pelle rückt, je mehr man es erforscht und je mehr man auf Distanz geht, umso einfacher wird der Alltag. Dazu sollte man sich Rituale schaffen, denn, wie bereits gesagt, es ist die REGELMÄSSIGE Wiederholung, die erfolgreich sein wird - und dieser Erfolg heißt GELASSENHEIT.

- Als Erstes mache ich mir bewusst, WER ich bin.
- Ich "erwache" zu meinem "ICH BIN".
- Ich schaue als Gott auf den Tag, der vor mir liegt.
- Ich begegne allem mit den AUGEN Gottes.
- ICH BIN mir bewusst: Dies ist MEIN Tag, den ich bewusst gestalte.

- Ich erlebe, wie ich als Gott wirke. Gelingt mir das nicht, dann stelle ich mir vor, dass Gott mich in all meinem Tun beobachtet und stets ein WACHSAMES Auge auf mich hat.
- Ich tue, was zu tun ist, und tue es heiter und gelassen.
- Ich segne meinen Körper und den neuen Tag und lasse ganz bewusst Heilung geschehen.
- Erst wenn ich ganz im "Ein-Klang" mit mir und der Welt bin, tue ich bewusst den ersten Schritt. Ich stehe auf als Gott und gehe als Gott in einen wunderschönen, leidfreien und neuen Tag.
- Ich gebe dem Leben ganz bewusst "Anweisungen" und bestimme damit, was geschieht.
- Durch mein SOSEIN ziehe ich die Ereignisse des Tages in mein Leben.

- Alles, was mir widerstrebt, segne ich. Ich weite mich aus, schaue als Bewusstsein auf die Situation und nehme somit Distanz ein.
- Immer wieder halte ich inne und richte mich neu aus, um “stimmig” zu leben.
- Ich “zelebriere” und genieße jeden Augenblick.
- Ich esse und trinke nur noch “Gesegnetes”.
- Ich sorge dafür, dass ich erfolgreich und wohlhabend bin.
- Ganz bewusst bin ich sympathisch und versprühe meine Energie im Überfluss.
- Ich lebe im Chancenbewusstsein und bin mir bewusst, dass alles immer nur eine Chance zum Besseren ist, auch wenn es im ersten Moment nicht so scheint.
- Ich gestalte das HEUTE besser als das GESTERN und das MORGEN besser als das HEUTE.

- Ich gehe den “Weg der Freude”.
- Unwesentliches wesentlich tun - mit Hingabe den Tag mit all seinen Tätigkeiten erfüllen.
- Ich spiele die Hauptrolle in meinem Leben.
- Ich lebe in heiterer Gelassenheit und erlebe so JEDE Situation.
- Sympathisch durch den Tag gehen.
- Ich vergesse nicht, darauf zu achten, immer ein Segen zu sein.
- Ich begegne ALLEN anderen so, als würde ich mir SELBST begegnen.
- Ich setze ALLES Wissen immer sofort in Erfahrung um.
- Ich WILL und MÖCHTE nicht nur, ICH wirke.
- Ich erlebe den Alltag humorvoll und glücklich zugleich.

- Ich mache den ganzen Tag “Wortgeschenke”, indem ich andere berühre, bewege, an sich selbst “er-innere”.
- Ich lasse durch mich geschehen, denken und handeln und folge meiner Intuition.
- “Wahrnehmen, statt urteilen” wird mein Leitsatz für den Tag.
- Ich lerne, meine Grenzen zu erkennen, und löse sie auf.
- Ich lerne, NEIN zu sagen – und sage damit JA zu mir SELBST.
- Erwünschtes wird geistig “in Besitz genommen”.
- Ich lebe “karmalos”, das bedeutet, dass ich keine Ursachen mehr setze. Gedanken, Gefühle und Taten sind Ursachen, mit denen ich achtsam umgehen sollte.
- Ich lebe “alterslos”, das bedeutet, ich bin mir meines SELBST ständig bewusst.

- Ich achte auf das gesprochene Wort und bin mir bewusst, dass Worte Waffen sein können, wenn sie nicht richtig dosiert, liebevoll und wohlwollend verwendet werden.
- Ich erkenne in all dem, was mir begegnet, immer nur mich SELBST.
- Die Einmaligkeit des Augenblicks ist immer präsent.
- Ich mache mir immer wieder bewusst, WER ich in Wirklichkeit bin, und hinterfrage MICH.
- Jeden Abend eine Tagesrückschau und eine Revision zu machen, ist eine Reinigung. Ich erlebe den Tag noch einmal, wie er optimal hätte ablaufen können, und korrigiere so negative Gedanken und schlechte Gefühle, die eventuell aufgekommen sind.

- Jeden Tag beende ich mit absoluter STIMMIGKEIT. Erst wenn ich bei mir angekommen bin, beende ich den Tag.
- Ich schlafe ein als "ICH BIN"!

Die Sinne auf GENUSS einstellen

Für manche Menschen sind die Worte "Genuss" oder "Lust" negativ besetzt. Das sollte allerdings nicht so sein. Das Leben ist als Genuss gedacht, denn nur wer tatsächlich genießen kann, lebt wirklich. Spiritualität sollte also nicht mit Verzicht verwechselt werden. Wenn man meint, man brauche kein Geld, um glücklich zu sein, dann mag man damit Recht haben, doch alles, was einem das Leben bietet, kann man auch vollumfänglich genießen. Wer allerdings unter Verlust leidet, wenn er etwas nicht mehr hat, dann war das auch kein richtiges GENIESSEN, sondern vielmehr ein HABEN- oder BESITZEN-WOLLEN.

Wer in jedem Moment alles loslassen kann, auch den eigenen Körper, sprich in den Tod übergehen kann, der weiß, was der wahre Genuss ist.

Also fangen Sie sofort damit an, alle Annehmlichkeiten des Lebens zu genießen, ohne sich daran zu binden. Abhängigkeiten erzeugen nämlich auch Leid, und das ist es ja, was wir aufgeben wollen. Genuss ist nicht von den äußeren Umständen abhängig. Beginnen Sie damit, Kleinigkeiten ganz bewusst zu genießen, z. B. ein Musikstück, das beflügelt, oder haben Sie einfach den Mut, etwas zu tun, das Sie bereichert, inspiriert und abschalten lässt. Machen Sie einen Kurzurlaub vom Alltag und erforschen Sie dabei sich SELBST.

Halten Sie Ausschau nach Ihrer wahren Identität, indem Sie sich einfach fallen lassen. Beginnen Sie damit, das Leben zu zelebrieren.

Wenn Sie möchten, dann tun Sie einmal alles in Zeitlupe. Sie werden merken, dass sich dabei Ihre Wahrnehmung verändert. Oder machen Sie alles ganz bewusst, indem Sie sich nur in dieser einen Sache aufhalten. Das bedeutet, dabei wirklich ANWESEND zu sein. Auch die Gedanken schweifen nicht ab und der Fokus ist auf den Moment ausgerichtet. Anfangs mag das sehr schwer erscheinen, obwohl es so einfach klingt. Entweder sind die Augen, die Hände oder das Gefühl irgendwo anders. Das alles auf den Punkt zu bringen, nennt man ZENTRIEREN. Zentrieren Sie sich, indem Sie sich auf Ihr Inneres reduzieren. Je mehr man reduziert ist, umso mehr Fülle und Reichtum werden einem dann auch widerfahren.

Geben Sie allem Tun durch die eigene Aufmerksamkeit einen ganz besonderen Wert. Zelebrieren Sie einfach nur den Augenblick, und erfüllen Sie ihn wirklich. Dabei ist es wichtig, sich nicht zu verstellen oder etwas zu versuchen. Es kann auch nicht erzwungen werden, denn es ist ein ganz natürlicher Vorgang, der geschieht, wenn man es nicht will. Schenken Sie sich regelmäßig so viel Zeit wie möglich, die Sie nicht verplanen. Seien Sie "absichtslos" und finden Sie heraus, womit diese Zeit erfüllt sein möchte, welche innere Qualität sie hat und wie Sie diese am besten zum Ausdruck bringen können. Nehmen Sie sich Zeit für das Ungewohnte, Überraschende und machen Sie aus allem etwas ganz Besonderes.

Seien Sie offen für die besondere Begegnung und für das spezielle Ereignis – und es wird geschehen.

In einem sehr tiefsinnigen Buch las ich, dass der Genuss auch im Leid zu finden ist. Was sagen Sie dazu? Können Sie sich das vorstellen?

Das Leben wirklich LEBEN

Viele Menschen interessieren sich für die Frage, ob es ein Leben nach dem Tod gibt. Viel wichtiger ist jedoch, dafür zu sorgen, dass es ein Leben VOR dem Tod gegeben hat. Was bedeutet das "Leben" für Sie? **Was muss geschehen, damit Sie am Ende sagen können: "Ich habe wirklich gelebt"?** Was ist Ihnen wichtig im Leben, und was brauchen Sie zum vollen Ausdruck des Lebens? Haben Sie das alles? Wenn nein - warum nicht? Sind Sie so, wie Sie sein möchten? Oder ärgern Sie sich gelegentlich noch? Sogar häufig? Möchten Sie das weiterhin tun? Wenn nein, sollten Sie das ändern. Sie sehen, es gibt eine Menge zu tun, bis Sie ein wirklich erfülltes Leben leben.

Haben Sie den idealen Partner? Sind Sie so erfolgreich, wie Sie sich das wünschen, und leben Sie im "WOHL-stand"? Haben Sie die "natürliche Fülle" in Ihrem Leben in ALLEN Aspekten verwirklicht? Sind Sie so gesund, wie Sie sein möchten, voller Vitalität und Lebensfreude? Genießen Sie Ihr Leben wirklich? Was ist der Sinn Ihres Lebens? Was ist Ihre Lebensabsicht?

Ist Ihnen das Leben Ihrer Ansicht nach GUT gesinnt? Wenn nicht, überprüfen Sie doch Ihre Ansicht über das Leben ... Wie stehen Sie zu ihm? Nehmen Sie es vollumfänglich an? Und wenn nicht, WER lehnt es ab? WER will etwas ändern?

Werden Sie sich rechtzeitig darüber klar, denn wenn Sie ein erfülltes Leben leben wollen, um das LEID hinter sich zu lassen, dann brauchen Sie Zielklarheit. Sie müssen wissen, WO Sie am Ende ankommen wollen, damit Sie JETZT das "NOT-wendige" tun können. Und vor allem müssen Sie wissen, als WER Sie dort ankommen möchten. Steht die Verwirklichung des SELBST im Vordergrund oder sind es die persönlichen Wünsche und (scheinbaren) Bedürfnisse, denen Sie hinterherlaufen? Änderungen können Sie immer nur im JETZT vornehmen - und JETZT ist alles, wirklich ALLES möglich.

Es ist eine faszinierende Aufgabe, das leidvolle Leben hinter sich zu lassen und das »Unternehmen Leben« bewusst zu »führen«.

Und das muss "geübt" werden, SOLANGE man noch nicht bei sich angekommen ist. Die meisten Menschen existieren und funktionieren bloß, oft nicht einmal das. Sorgen SIE dafür, dass Sie wirklich *leben*. Dass Sie sich ALLES erschaffen, was Sie zum vollen Ausdruck Ihres Lebens brauchen. Das heißt, dass Sie zu sich SELBST erwacht sind und als bewusster Schöpfer Ihr Leben frei gestalten. Das heißt, dass Sie "zu Bewusstsein" gekommen sind und wirklich bewusst leben. Wahres LEBEN ist wahrlich eine Kunst. Sie sind der Künstler IHRES Lebens, der Lebenskünstler - und Ihr Leben ist Ihr Kunstwerk. **Sie können das "Drehbuch Ihres Lebens" JEDERZEIT umschreiben. Sie können es nicht im Außen verändern, sondern sich selbst wandeln und zu sich SELBST erwachen. Dann wird IHR LEBEN sich nahezu traumhaft verändern.** Sie können, und zwar in diesem AUGENBLICK, ein ganz neues Leben beginnen. Natürlich funktioniert das immer, also worauf sollte man noch warten? Jetzt ist immer der beste Augenblick, um sich zu wandeln. Wenn Sie damit beginnen, Ihr ganz eigener Lebensgestalter zu werden, dann werden Sie dabei täglich neue Aspekte und Möglichkeiten entdecken. Warum? Weil das Leben ein Kunstwerk ist, das nie fertig wird. Das ist auch nicht das Ziel, etwas zu Ende zu bringen. Das Ziel ist es, es zu GESTALTEN und es dann zu GENIESSEN. Der Weg ist das Ziel, und jeder Schritt, der nicht genossen wird, auch wenn er als unangenehm empfunden werden sollte, ist ein verlorener Augenblick. Ein nicht gelebter Augenblick, der nicht VOLL und ganz ERFÜLLT wurde. Nur wenn Sie zu hundert Prozent dahinterstehen und den Augenblick so sein lassen, wie er ist, dann ERFÜLLEN Sie ihn voll und ganz. Ist Ihre Person GEGEN etwas, dann ändern Sie die Einstellung. Viele Menschen sagen dann: "Ich muss etwas tun. Ich muss mein Leben ändern." Sie müssen gar nichts ändern außer sich selbst. Veränderung beginnt immer im INNEREN, bevor sie AUSSEN sichtbar wird. ALLES beginnt mit dem ersten Schritt - vielleicht JETZT?

Das Ziel ist nicht das Ende des Weges, sondern der Inhalt des Weges.

Viele Menschen verstehen zu träumen, aber nur wenige verstehen es auch, wahrhaftig zu leben.

LEBE DEIN LEBEN!

Diese drei kleinen Worte sind eine ganze Lebensphilosophie und der Schlüssel zu Ihrem Glück. Schauen wir uns einmal ein Wort nach dem anderen genau an:

LEBE dein Leben.

Wir leben, um wirklich zu leben. Haben Sie heute schon gelebt? Haben Sie überhaupt schon einmal gelebt? Die meisten Menschen existieren und funktionieren bloß. Leben kann man nur JETZT! Nicht vorher und nicht nachher, man lebt immer nur JETZT! Also schauen Sie einmal auf DIESEN Augenblick, JETZT. Erleben Sie ihn bewusst? Sehen Sie nur das, worauf Sie Ihre Augen richten, wie jetzt zum Beispiel die Zeilen des Buches, oder nehmen Sie auch alles andere wahr? Das Buch, Ihre Hände, den Sessel, Ihre Füße, die Wand etc. Dass Sie in diesem Moment den Fokus auf das Geschriebene ausrichten, ist klar, doch in dem Moment, in dem Sie das tun, erleben Sie ja nur einen Ausschnitt des Lebens. Jetzt ist aber immer gleichzeitig alles, nicht nur das Geschriebene. **War das, was Sie bisher gemacht haben, wirklich erlebt oder am Leben vorbeigelebt?** Das ERLEBEN besteht nicht aus Programmen, Mustern oder Rollen, sondern aus Ihrem Sosein. DAS SOSEIN ist JETZT hier, und wenn Sie sich dessen nicht bewusst sind, dann leben Sie eher (am Leben) vorbei als hier. Seien Sie echt, ehrlich und authentisch. Genießen Sie diesen Augenblick und lernen Sie, auch Schwierigkeiten zu genießen, indem Sie Ihre Aufmerksamkeit davon abziehen und nach INNEN richten. Was passiert denn schon? Sie LEBEN!

Lebe DEIN Leben.

Wessen Leben wollen Sie denn leben? Wollen Sie Ihr "ICH" glücklich machen oder Ihr Selbst?

Das sind zwei ganz verschiedene Wege. Kennen Sie sich wirklich? Wie wollen Sie IHR Leben leben, wenn Sie gar nicht wissen, WER Sie sind? Wenn Sie irgendwo gelesen haben, dass Sie Bewusstsein sind, und das auch wissen und glauben, dann sollte es auch noch erlebt werden. Alles Gelesene über die Wahrheit nutzt Ihnen nichts, wenn Sie SELBST, als SELBST, die Erfahrung nicht erlebt haben. In Wirklichkeit gibt es kein DEIN und kein MEIN. Es gibt nur ein ICH, das unpersönlich ist - man könnte es auch das wahre ICH nennen. Es ist Liebe, Gott und Allmacht. Es ist das, was wir sind.

Leben ist ein Wunder. Der zuverlässigste Weg, sein Leben zu verpassen, ist, eine bestimmte Vorstellung davon zu haben. Erleben SIE es doch einfach aus IHREM Selbst heraus, sonst erleben "Sie" als Mensch immer nur die Vorstellung vom Leben. Leben ist keine Philosophie und keine Rechenaufgabe, sondern ein Geschenk, das Sie genießen sollten. Hören Sie auf zu "müssen"! Wer soll denn etwas müssen, wenn Sie gar nicht der sind, für den Sie sich bis jetzt gehalten haben? Sie "müssen nichts" werden. Sie müssen sich nicht entwickeln, nicht erleuchtet werden, nicht das Richtige tun, nicht an sich arbeiten und Sie müssen auch keine Aufgabe erfüllen! Sie sollten nur leben, und SIE als IHR SELBST - als Ihr SOSEIN - bestimmen, was geschieht. Lassen Sie alles los, was Sie noch vom Leben trennt, die Erwartungen der anderen, sogar die eigenen Wünsche, geliebt werden zu wollen etc. Aber lassen Sie vor allem die Vorstellung von sich selbst los - die Vorstellung, ein Körper oder eine Person zu sein. Erleuchtung ist nichts anderes, als die Wahrheit über sich selbst zu erkennen.

Sagen Sie bedingungslos JA zu sich und Ihrem Leben - und genießen Sie den Weg. Das Leben ist ein Wunder und SIE sind ein Wunder. Lassen Sie dieses Wunder Wirklichkeit werden.

Lebe dein LEBEN.

Verzaubern Sie Ihren Alltag, machen Sie aus einem ganz normalen Alltag etwas ganz Besonderes. “Zelebrieren” Sie das Leben, das gar nicht IHRES ist. Entdecken Sie Ihre Individualität. Haben Sie den Mut, Sie selbst zu sein, und versuchen Sie nicht anders, besser oder größer zu sein. Versuchen Sie auch nicht, so wie die anderen zu sein, denn der, der das tut, der erreicht auch nur das, was alle erreichen. Jeder Mensch hat seinen ganz eigenen Weg, um zu sich SELBST zu erwachen. Entdecken Sie ihn tief in sich drinnen - und dann leben Sie ihn.

Was möchten Sie am liebsten ab jetzt tun? Wer wünscht sich das?

Wie sollte IHR Leben im Idealfall aussehen? Was ist Ihr Leben - und was ist ein Idealfall?

Was hindert Sie eigentlich noch daran? Was hindert wen? Wer lässt sich hindern?

Welche Ausrede hat denn Ihr persönliches EGO noch, um nicht endlich sich SELBST zu leben? Dazu gehört das Leben, über das Sie überhaupt erst zu Ihrem SELBST gelangen können. Sie sind etwas ganz Besonderes, weil Sie, wie alle Geschöpfe dieser Erde, ein Kind Gottes sind. Sie sind also einmalig - stehen Sie dazu! Leben ist mehr, als nur älter zu werden und den Lebensunterhalt zu verdienen. Hören Sie damit auf, zu wollen und zu werden, sondern beginnen Sie jetzt damit, einfach nur zu sein und "IHR" Leben zu erfüllen.

Beginnen Sie JETZT, in diesem Augenblick, so zu sein, dass Sie am Ende sagen können: Ich habe wirklich gelebt, denn ich habe erkannt, was ICH wirklich BIN!

ÜBER DEN AUTOR

Kurt Tepperwein wurde 1932 in Lobenstein geboren. Er war erfolgreicher Unternehmer und langjähriger Unternehmensberater, bis er sich 1973 aus dem Wirtschaftsleben zurückzog und Heilpraktiker sowie Bewusstseinsforscher wurde, um nach den wahren Ursachen von Krankheit und Leid zu suchen. In seiner Naturheilpraxis hielt er für seine Patienten Seminare ab, die so großen Anklang fanden, dass sie heute in vielen Ländern veranstaltet werden.

Er absolvierte vielfältige Ausbildungen und erfuhr unzählige Ehrungen. Seit 1997 ist Kurt Tepperwein Dozent an der »Internationalen Akademie der Wissenschaften«, wo er das von ihm etablierte Mentaltraining unterrichtet. Kurt Tepperwein hat bislang mehr als 80 Bücher und Hunderte von Videos, DVDs sowie Audio-CDs veröffentlicht.

Kurt Tepperwein

Das Anti-Ärger-Programm

208 Seiten, broschiert
ISBN 978-3-89845-347-9
€ [D] 6,95

Sicher geht es Ihnen wie den meisten Menschen: Sie ärgern sich – manchmal mehr, manchmal weniger, aber immerhin: Sie ärgern sich ... ob über Ihren Nachbarn oder über Ihren Arbeitsplatz. Ärger ist für manche schon zu einem Teil ihres Lebens geworden und bringt sie regelmäßig aus dem Gleichgewicht.
Dieses Buch geht daher bewusst tiefer und beleuchtet Ihre Gedanken und Einstellungen und führt Sie über die geistigen Gesetze zu den Fragen nach dem Sinn des Lebens. Dann heißt es: Schluss mit dem Ärger – und Sie können endlich ja sagen zu einem erfüllten und bewussten Leben.

Kurt Tepperwein

Dein Zahlenschlüssel

152 Seiten, broschiert
ISBN 978-3-89845-187-1
€ [D] 6,95

Durch einen Zahlenschlüssel erfahren wir Entscheidendes über unsere Fähigkeiten und Eigenschaften, die wir aus früheren Leben mitgebracht haben, und über unseren »geheimen Persönlichkeitskern«, den wir normalerweise nicht preisgeben. Wir erkennen den Sinn unseres Lebens und unsere Hauptcharaktereigenschaften.

Die wichtigsten Lebensabschnitte und die Art der Einflüsse, unter denen wir stehen, werden uns bewusst. Wir haben so die Möglichkeit, unser Schicksal durch diesen Zahlenschlüssel selbst zu gestalten und unsere Lebenssituation aktiv zu verbessern.

256 Seiten, broschiert
ISBN 978-3-89845-501-5
€ [D] 16,95

Kurt Tepperwein

So liebt man heute

Das Geheimnis erfüllender Beziehungen

Kurt Tepperwein verrät das Geheimnis glücklicher Beziehungen und zeigt, wie man Probleme auch in langjährigen Partnerschaften erfolgreich meistert. Erfahren Sie, wie Sie eine harmonische Partnerschaft gestalten, in der das Wohlergehen beider an erster Stelle steht. Entdecken Sie, wie Sie den Alltag schön und erfüllt leben, als Paar lernen, Eigenarten als Bereicherung zu erfahren, Gemeinsamkeiten zu stärken und magische Momente zu schaffen. Ihr erfolgreicher Erkenntnisweg für eine glückliche und erfüllende Beziehung!

224 Seiten, broschiert
ISBN 978-3-89845-546-6
€ [D] 14,95

Kurt Tepperwein

Die Kunst, sich und andere zu verstehen

Mit Face-Reading zu mehr Menschenkenntnis

Jeder Mensch ist einzigartig, und bei genauerem Hinsehen können wir erkennen, wie dieser Mensch wirklich ist. Dieses Buch hilft dabei, unsere Wahrnehmung zu schulen, und bringt uns bei, über das Aussehen und das Verhalten unseres Gegenübers die Menschen besser zu erkennen und zu verstehen. Kurt Tepperwein lässt uns auch analysieren, warum uns etwas Bestimmtes an dem Gegenüber aufgefallen ist oder was uns dessen Verhalten sagt, und lädt ein zur Selbsterforschung und Selbsterkenntnis, zu einem wirklichen Verstehen des eigenen Ich.

176 Seiten, broschiert
ISBN 978-3-89845-412-4
€ [D] 12,65

Kurt Tepperwein

Nichts geschieht umsonst

Die Sprache des Lebens verstehen

Alles, was uns begegnet, und alles, was uns widerfährt, sind Botschaften des Lebens, die uns etwas Wichtiges mitzuteilen haben. Das Leben spricht ständig zu uns, allerdings müssen wir die Sprache des Lebens erst erlernen. Wenn Sie diese Sprache beherrschen, ist es Ihnen sogar möglich, die Botschaften des Lebens gezielt abzufragen. Sie können alle Erfahrungen und die verschiedensten Arten von Hinweisen optimal für sich nutzen, um ein erfolgreiches, erfülltes und gesundes Leben zu führen. Ein Buch, das sich mit allen Alltagsthemen auseinandersetzt und keine Fragen offenlässt.

176 Seiten, 2-farbig, broschiert
ISBN 978-3-89845-467-4
€ [D] 12,95

Franziska Krattinger

Woran Pechvögel hängen und worauf Glückspilze aufbauen

Alles beginnt klein und endet groß

Wir bestimmen unser Leben aus der Kraft unserer Gedanken und Gefühle. Doch wir sind oft in Denk- und Gefühlsgewohnheiten gefangen. Franziska Krattinger beschreibt die Stolpersteine, genannt Gewohnheiten, und zeigt die Lösungen dazu. Die Möglichkeiten zur Verbesserung unseres Lebensgefühls sind verblüffend einfach, wirkungsvoll und für jedermann leicht anzuwenden …

Ein kleines Buch mit großer Wirkung, da es die Kraft des positiven Denkens in uns entfacht!

192 Seiten, gebunden
ISBN 978-3-89845-605-0
€ [D] 12,95

Manfred Mohr

Bestellungen beim Universum heute

Neues Wünschen in einer neuen Zeit

Das Bestellen beim Universum hat sich von seinen Anfängen bis heute stark verändert. Dieses Buch zeigt die Änderungen, welche Neuerungen hinzukamen und wie man heute am besten bestellt. Es hilft dir zu spüren, wie eng verflochten wir mit dem Universum sind und wie entscheidend unsere innere Haltung ist.
Entdecke auch du die neue Form des Bestellens für dich!

240 Seiten, gebunden mit abgerundeten Ecken
ISBN 978-3-89845-569-5
€ [D] 16,95

Vadim Zeland

Transsurfing to go

Anwendung der Wirklichkeitssteuerung

Vadim Zeland zeigt Ihnen, wie Sie sich endlich das Leben formen können, das Sie schon immer führen wollten.
Wenn Sie den Rahmen des Algorithmus »Denke wie alle – sei wie alle« verlassen, werden sich Ihre Möglichkeiten und Chancen weit über die Grenzen des für alle anderen Erreichbaren hinaus ausdehnen!
In »TransSurfing to go« fasst Zeland alle relevanten Prinzipien der Methode kompakt zusammen und hilft Ihnen, sie zur richtigen Zeit zu verwenden. Einfach zu lesen – einfach anzuwenden.

Weiterführende Informationen zu
Büchern, Autoren und den Aktivitäten
des Silberschnur Verlages erhalten Sie unter:
www.silberschnur.de

Natürlich können Sie uns auch gerne den
Antwort-Coupon aus dem beiliegenden
Lesezeichenflyer zusenden.

Ihr Interesse wird belohnt!